Valentina & Co

Valentina & Co
Ciao, sono Valentina. Adesso ho quattordici anni e questi sono i miei nuovi amici. Insieme vivremo mille fantastiche avventure... Non ti resta che raggiungerci!
Alice
Ottilia
Tazio

Rinaldo
Irene
Jenny
Malika
Mauro
Gianni

www.battelloavapore.it

Progetto grafico: Clara Battello
Impaginazione e redazione: Elàstico

I Edizione 2011

Stampa: Mondadori Printing S.p.A. - Stabilimento NSM - Cles (TN)

Angelo Petrosino

Nuova scuola, nuovi amici

Illustrazioni di
Sara Not

PIEMME

Alla memoria di Vincenzo Ciaffi,
latinista e partigiano

Il brano di *Stagioni* è tratto da:
Mario Rigoni Stern, *Stagioni* - Torino - Einaudi, 2008

1
Cambiamenti

– COME TI SENTI? – mi ha chiesto Ottilia l'altro giorno.

– Come quando si sta per fare un grande passo – ho risposto.

– A me invece sembra di essere sull'orlo di un precipizio.

– È come se stesse per iniziare una nuova avventura, Otti. L'affronteremo insieme e ci farà meno paura – ho cercato di rassicurarla.

– Puoi scommetterci, Vale.

Oggi pomeriggio sono andata a casa di Ottilia a ripassare le ultime lezioni di inglese. Ultime in tutti i sensi perché, tra un paio di settimane, finirà la scuola e ci saranno gli esami di terza media.

Linda cerca in ogni modo di tranquillizzarci e ieri ci ha ripetuto: – Siete preparati e non avrete di fronte professori che vi tenderanno tranelli.

– E se mi fanno domande a cui non so rispondere? – ha borbottato Luigi. – C'è il rischio di essere bocciati, prof?

– Dovresti avere la mente completamente vuota.

– Ha indovinato. È così che me la sento – ha risposto lui.

– Potevi studiare di più durante l'anno – ha sibilato Elisa.

– Voglio proprio vedere che figura farai tu!

– Ragazzi, non mi sembra il caso di innervosirsi tanto – ha detto Linda. – D'altra parte, è giusto che rendiate conto a qualcuno del lavoro che avete svolto e dei risultati ottenuti. Gli esami sono una prova alla quale, ogni tanto, siamo chiamati tutti. Ma l'esame più importante, ossia quello della vita, si sostiene giorno per giorno. Comunque, cominciate a pensare al vostro futuro.

In realtà è dall'inizio dell'anno che ognuno di noi sta valutando l'indirizzo di studi da prendere alle superiori. E siamo arrivati a conclusioni che in apparenza soddisfano tutti.

Ottilia e io, per esempio, abbiamo deciso di iscriverci al liceo classico e speriamo di essere nella stessa classe.

A dire la verità, la scelta è stata mia. Ho ritenuto che il classico fosse l'indirizzo giusto per me: da sempre sogno di fare la scrittrice.

«Lei crede che potrei diventare una scrittrice prima o poi?» chiesi un giorno a Linda.

«Perché no, Valentina? Scrittori non si nasce, per fortuna. Non è un privilegio di pochi.»

«A me piace molto leggere.»

«Penso che tu abbia già capito che non basta. È necessario anche saper ascoltare, confrontare, avere empatia per gli altri, ragionare con la loro testa. Uno scrittore è innanzitutto un grande esploratore del cuore umano, Valentina. Ogni vita è importante e uno scrittore deve poterla conoscere per capirla, per raccontarla e per liberare se stesso e gli altri da ogni pregiudizio.»

Oggi, mentre ero da Ottilia, le ho parlato del mio desiderio di diventare una scrittrice.

– Ti invidio, Valentina, perché hai già le idee chiare – mi ha detto.

– Mica tanto.

– Non fare la modesta. Ti conosco. Hai deciso di frequentare il classico perché è quello che vuoi. Io, invece, l'ho scelto perché voglio restare attaccata a te il più possibile. Ma non so ancora cosa voglio fare da grande.

– Secondo me un'idea ce l'hai ma non riesci a formularla con precisione. Pensaci bene.

– In effetti una ce l'avrei...

– Lo vedi?

– Sì, ma è talmente strampalata che mi sembra di raccontare una barzelletta.

– Sentiamo.

– Sai che cosa ho pensato che mi piacerebbe fare? La dottoressa. Ma non la dottoressa generica, cioè quella che prescrive semplici ricette e cura raffreddori. Io vorrei fare la ginecologa.

– Caspita!

– Te l'ho detto che l'avresti considerata una barzelletta.

– Nient'affatto, Otti. Ma perché proprio la ginecologa?

– Perché ha sempre a che fare con altre donne. E perché ha il bellissimo compito di far nascere i bambini che abiteranno la Terra negli anni a venire.

Ho abbracciato Ottilia, l'ho stretta forte e le ho mormorato: – Sarò la tua prima paziente. Ti affiderò il mio bambino a occhi chiusi. Ti prometto che farò di tutto per incoraggiarti a coltivare questo sogno.

Ottilia, sospirando, mi ha risposto: – Il guaio è che, prima di far nascere i bambini, devo imparare il latino. Mi vengono già i brividi. E se penso che oltre al latino ci sarà anche il greco, mi sento male. Temo che non avrò mai la sufficienza in queste materie.

– Ce la caveremo, vedrai.

– Sei sempre ottimista, Valentina.

2

Il lupo e l'agnello

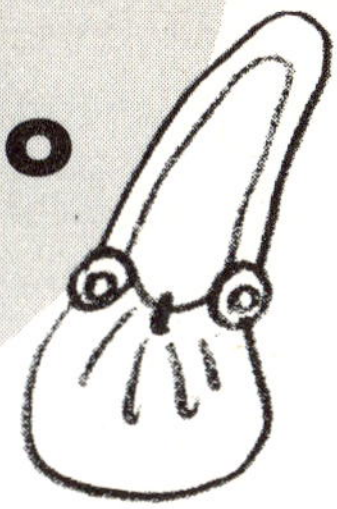

OGGI HO RIPENSATO alle parole di Ottilia a proposito del latino. Mi sono ricordata che nel mio condominio abita un'anziana professoressa che ha insegnato latino e greco per quarant'anni proprio al liceo dove abbiamo deciso di iscriverci io e Ottilia.

Da un paio d'anni la professoressa Levi, così si chiama, è in pensione. Ha perso il marito tre anni fa e ora vive da sola. Fatica a camminare, perciò, in qualche occasione, mi è capitato di aiutarla a portare le borse della spesa. Altre volte sono andata a comprarle le medicine nella farmacia in via Oxilia.

Insomma, siamo abbastanza in confidenza.

E così, quando l'ho vista affacciata al balcone, l'ho salutata e le ho detto: – Buongiorno, signora Levi. Ha bisogno di qualcosa?

– Ti ringrazio, Valentina, ho il frigorifero pieno e sono a posto per i prossimi due o tre giorni.

– In caso di necessità, mi faccia uno squillo. Il mio numero di telefono ce l'ha.

– Sei sempre molto gentile. Vorrei sdebitarmi ma non saprei come.

– Non ci pensi nemmeno – mi sono affrettata a rispondere. – Lo faccio per amicizia.

– Mi commuove sentirti parlare di amicizia verso una donna anziana come me.

– Lei ha lo spirito ancora giovane, signora Levi.

– Lo spirito, ma non il corpo, Valentina.

A guardare in su mi stava venendo il torcicollo. La signora Levi se n'è accorta e mi ha detto: – Perché non sali? Così chiacchieriamo un po'. A meno che tu non abbia altro da fare.

– La mia amica Ottilia arriverà tra un'ora circa e oggi non ho compiti. Vengo volentieri.

Ci siamo sedute una di fronte all'altra. La signora Levi con i suoi capelli bianchi e molte grinze sulla fronte, io con le braccia incrociate e le gambe inquiete. Era la prima volta che entravo in casa sua non per consegnarle una medicina o depositare una borsa della spesa, ma per chiacchierare come un'ospite.

– A settembre comincerò il liceo – ho detto. – E andrò proprio in quello dove lei ha insegnato.

– È un istituto prestigioso. Ci sono bravi professori. Ne conosco alcuni che insegnano ancora.

– Saranno molto severi.

– I professori devono esserlo, Valentina. L'importante è che non siano solo severi, ma che sappiano anche dialogare con i ragazzi.

– Lei insegnava latino e greco, vero? – ho domandato.

– Sì.

– Sono materie sulle quali non ho nemmeno una leggera infarinatura. E temo che mi troverò in difficoltà i primi tempi. Anche la mia amica Ottilia si è iscritta allo stesso liceo e anche lei è molto spaventata. Considera il latino una lingua complessa ed è sicura che non riuscirà a impararla. Un giorno gliela farò conoscere. È l'amica più cara che ho.

La signora Levi si è sporta in avanti e mi ha detto: – Ecco come potrei ricompensare la tua gentilezza nei miei confronti. Potrei darvi qualche lezione di latino fino a quando partirete per le vacanze. Che ne dici?

La proposta corrispondeva precisamente all'idea che mi era balzata nel cervello poco prima e che non avevo avuto il coraggio di formulare ad alta voce.

– Non vorrei che per lei fosse una fatica – ho risposto alla signora Levi.

– Scherzi, Valentina? Ho una tale nostalgia delle mie lezioni a scuola, che sarà una gioia parlarvi degli scrittori latini che amo. Ma più che insegnarvi le declinazioni vorrei farvi conoscere chi, in quella lingua, ha narrato le gioie e i dolori della vita, l'amore e lo sconforto dell'abbandono, ma anche l'amicizia e l'ironia di un animo giocoso e infantile. Sai chi mi ha fatto amare il latino da giovane? Un grande latinista, un uomo di profonda umanità che non ho mai dimenticato: si chiamava Vincenzo Ciaffi. All'università ero diventata la sua allieva preferita.

Quando è arrivata Ottilia, le ho raccontato subito della conversazione con la professoressa Levi.

– Che ne pensi? – le ho chiesto.

– Per me va bene. Spero solo di non fare brutte figure.

– Non ci darà mica i voti!

Quando ci siamo presentate a casa della signora Levi alle quattro in punto, come concordato, eravamo molto agitate.

– Buongiorno, ragazze. Venite, andiamo nel mio studio – ha detto facendoci accomodare in una stanza dalle pareti interamente ricoperte di libri.

Ottilia e io ci siamo sedute da un lato della scrivania, la signora Levi ha preso posto in una poltrona di cuoio di fronte a noi.

– Come ho detto a Valentina, – ha continuato la signora Levi parlando a Ottilia – non voglio darvi lezioni di grammatica, ma farvi conoscere gli autori latini. Vi parlerò di Catullo e di Virgilio, di Orazio e di Cesare, di Petronio e di Apuleio. Oggi ho pensato di leggere con voi una favola in forma di poesia scritta da Fedro –. E ha cominciato a leggere: – *Ad rivum eundem lupus et agnus venerant, siti compulsi.* Un lupo e un agnello, spinti dalla sete, erano arrivati allo stesso ruscello. È chiaro?

– Così sembra tutto facile – ha risposto Ottilia.

– Anche se ora non lo è, può diventarlo – ha sorriso la signora Levi. – L'importante è dare un senso a quello che si impara.

Al termine della lezione l'abbiamo ringraziata e siamo andate via.

– Mi sento già una latinista – ho detto ridendo a Ottilia.

– Invece io mi sento più ignorante di prima.

3
Ingegneri e veterinari

TAZIO HA DECISO di iscriversi al liceo scientifico.

– Peccato – gli ho detto quando me ne ha parlato la prima volta. – Speravo che saremmo stati compagni di classe. Così durante l'intervallo avremmo potuto chiacchierare un po', tanto per resistere alla fatica della mattinata.

– Penso che l'indirizzo scientifico sia giusto per quello che intendo fare in futuro.

– Vuoi diventare un ingegnere come tuo padre?

– Sì. Ma non per imitarlo. Ci sono tante branche dell'ingegneria e a me piace quella aerospaziale e astronautica. A ogni modo ho cinque anni per chiarirmi le idee.

– Spero che tu te le chiarisca tenendo conto anche di me – ho replicato.

– Vuoi dire che stai progettando di far parte della mia vita anche da adulta?

– Ti seccherebbe?

– No, anzi, me lo auguro.

– Allora dimostramelo.

Eravamo a casa mia e Tazio, dopo avermi guardata a lungo, mi ha preso il viso tra le mani, mi ha osservata attentamente e infine mi ha dato un tenero bacio. Poi mi ha abbracciata e io mi sono sentita emozionata come non mi era mai capitato prima.

– Soddisfatta della dimostrazione ? – mi ha chiesto.

– Abbastanza, direi.

– Se vuoi posso ricominciare – mi ha detto.

Ma in quel momento Luca, che era appena rientrato assieme a mio padre, ha urlato: – Vado a giocare un po' con il computer.

La porta non era chiusa a chiave ed è

piombato in camera come una furia.

– Ah, siete qui? – ha chiesto come se avesse fatto una fastidiosa scoperta.

– Stavamo per uscire – gli ho detto.

– Meglio così.

– E comunque è buona educazione bussare prima di entrare – ho aggiunto.

– Uffa.

Dopo pochi minuti eravamo ai giardini sotto casa. Abbiamo ricominciato a parlare di scuola e delle scelte dei nostri amici.

Gianni, per esempio, ha deciso di iscriversi nello stesso liceo che frequenterà Tazio, e spera di essere in classe con lui.

Quando io e Irene gliene abbiamo chiesto la ragione, ci ha risposto: «È da un po' che mi sono appassionato al mondo animale, lo sapete. Insomma... ho deciso che farò il veterinario».

Non siamo rimaste particolarmente sorprese: Gianni ha un carattere dolce e ama molto gli animali, lo si vede soprattutto quando sta con il suo volpino al quale è legatissimo.

– Gli voglio un gran bene! – mi dice Irene quando chiacchieriamo un po' prima di addormentarci. – Non potevo essere più fortunata. E pensare che, quando conducevo una vita da vagabonda dopo essere fuggita dall'istituto, avevo deciso che non avrei mai legato con un ragazzo. Spesso ho dovuto difendermi dai più prepotenti. Invece Gianni mi ha conquistata subito con la sua mitezza. A volte ho l'impressione che mi voglia troppo bene...

– Perché? Non ti piace sentirti amata come una principessa, sorellina?

– Finora ho sempre avuto paura di deludere gli altri. Proprio perché gli altri hanno deluso me. A cominciare dai miei genitori, che mi hanno abbandonata. Come vorrei conoscere le ragioni della loro scelta!

– Perché continui a pensarci, Irene? Non ti trovi bene con noi?

– Valentina, nella tua famiglia mi sembra di esserci nata, visto come mi avete accolta e quanto mi amate. Ma non posso fare a meno di pensare a chi mi ha dato alla luce e ha poi deciso di mettermi da parte.

– Hai ragione.

– Chissà se un giorno costruirò una famiglia con Gianni.

– Tu e Gianni formate una bellissima coppia e non vedo perché la vostra storia non dovrebbe durare nel tempo – ho detto con sicurezza.

– È tenerissimo. Le sue carezze sono un vero toccasana negli attacchi improvvisi di tristezza.

– È proprio come tra me e Tazio, allora.

– Voi due siete davvero inseparabili.

– Ci conosciamo da quando eravamo molto

piccoli, Irene. In un certo senso, lui e Gianni si somigliano. Tazio è più estroverso, ma è capace di grande tenerezza.

È davvero bello parlare con Irene. A volte mi sento un po' in colpa nei confronti di Ottilia, perché è sempre stata l'unica confidente dei miei sogni e dei miei segreti.

Ma per tornare a Gianni... Quando ci ha parlato del suo desiderio di diventare veterinario, gli ho detto che gli affiderò volentieri la mia Alice. Tra qualche anno sarà vecchiotta e avrà bisogno di cure e di attenzioni particolari.

In realtà so che Gianni ha preso questa decisione anche per continuare a essere in classe con Tazio. Quante volte, alle elementari, Tazio lo ha difeso contro i prepotenti! Quante volte si è comportato con lui come un fratello maggiore! Gianni non può averlo dimenticato. Credo che Tazio sia il suo migliore amico e tale resterà per sempre.

Sono abituata a pensare che le amicizie più profonde siano quelle che si instaurano tra le ragazze. Ma ho capito che anche tra i ragazzi l'amicizia può essere ugualmente intensa.

4
Irene e le lingue straniere

IRENE HA FATTO una scelta diversa dalla mia e ha deciso di frequentare il liceo linguistico. Mi ha spiegato che vuole studiare quante più lingue straniere è possibile, anche per ragioni personali.

– L'amore per le lingue straniere – mi ha detto – è come l'amore per la libertà che sognavo quando ero in istituto. Non vedevo l'ora di lasciare quelle mura e di gettarmi a capofitto nella vita, libera di fare quello che volevo. O almeno la maggior parte delle cose che sognavo. Conoscere le lingue straniere, per me, è come avere un passaporto per muovermi nel mondo, Valentina, senza dipendere da nessuno. Con le lingue straniere mi sarà più facile entrare in contatto con gli altri, camminare accanto alle loro vite senza essere muta, intendere meglio le gioie di chi è felice e le paure di chi si sente minacciato. È per questo che, in futuro, non voglio imparare solo le principali lingue europee, ma anche le altre che si parlano lontano da noi. Il mio sogno più grande è viaggiare, viaggiare, viaggiare. Voglio vagabondare per il mondo con la mente aperta e il cuore pronto. Forse ti sembrerò troppo idealista...

– È meraviglioso, Irene. Spero che un giorno mi vorrai come tua compagna di viaggio. Anch'io coltivo il tuo stesso sogno.

– È per questo che te ne parlo, perché so che mi capisci.

Spesso io e Irene studiamo insieme l'inglese: vediamo film in lingua originale sottotitolati e ci colleghiamo al sito della BBC per ascoltare alcuni programmi radio.

Ma Irene da qualche mese ha iniziato a studiare da autodidatta anche il francese e io mi sono lasciata contagiare. In questo caso abbiamo pensato di imparare a memoria delle canzoni prima di cominciare a studiare la grammatica.

Navigando su Internet, ci siamo imbattute in una canzone di Charles Aznavour: un cantante che non sapevamo nemmeno che esistesse e che oggi ha quasi novant'anni.

La canzone si intitola *J'avais 20 ans*, è malinconica e racconta di sogni non realizzati, di speranze smarrite, della nostalgia del passato.

Io e Irene pensiamo più che altro al nostro futuro ma, a volte, torniamo indietro nel tempo. So che lei lo fa più di me e questo la rattrista perché vorrebbe dimenticare il suo passato.

Mi sono accorta che anche a me negli ultimi tempi viene un po' di malinconia. E di questo sono un po' sorpresa, dato il mio temperamento sempre allegro e frenetico. È come se mi sentissi in bilico tra passato e presente, tra un'infanzia che si allontana e un presente cui non so dare la forma che vorrei. Addirittura, in certi momenti, mi viene voglia di piangere senza un motivo.

«Mamma, che cosa mi sta succedendo?» le chiesi una volta.

«Crescere è stupendo, ma è anche doloroso, Valentina» mi rispose. «Non avere paura, tesoro.»

Ma ho capito che non mi dispiace abbandonarmi, di tanto in tanto, a queste pause di malinconico incanto. Quando passano mi sento più forte, pronta a guardare di nuovo avanti.

5
Rinaldo il chimico

OTTILIA HA SPERATO fino all'ultimo che Rinaldo cambiasse idea e decidesse anche lui di fare il classico.

Da quando quei due stanno insieme, sono inseparabili.

– Chi l'avrebbe detto, Valentina, – mi ricorda spesso Ottilia – che un giorno mi sarei messa insieme a Rinaldo. Quanti dispetti mi ha fatto, quante volte mi ha presa in giro!

– Io ho sempre pensato che ti stuzzicasse proprio perché non aveva il coraggio di ammettere che gli stavi simpatica – le dico. – I maschi sono fatti così. Hanno bisogno di essere incoraggiati, perché non vogliono confessare di provare certi sentimenti. Un po' se ne vergognano, perché temono di essere presi in giro dagli amici, un po' hanno paura di venire respinti.

– Se quel giorno, in via Garibaldi, non mi avesse salvata dalla banda di malintenzionati, forse non ci saremmo mai messi insieme. Oggi sono felicissima che sia il mio ragazzo anche se è rimasto un po' scorbutico. È come se non riuscisse a dimenticare di aver fatto per tanto tempo il bulletto. In pubblico non ha il coraggio di farmi nemmeno una carezza. Ma in privato è un tenerone.

– Sono contenta per te, Ottilia.

Ultimamente ho notato che la decisione di Rinaldo di iscriversi a un istituto tecnico industriale, per specializzarsi in chimica, ha indispettito molto Ottilia.

– Colpa tua – mi ha detto l'altro giorno. – Se non gli avessi fatto conoscere Francesco, non gli sarebbe mai venuta questa idea.

Francesco è il responsabile del WWF con il quale abbiamo visitato l'Oasi di Monte Arcosu in Sardegna. È anche un chimico e, parlando con lui, Rinaldo si è innamorato della chimica al punto da decidere di iscriversi a una scuola che lo prepari a un lavoro così complesso e impegnativo. «Oltre che pericoloso» aggiunge sempre Ottilia, per tentare di dissuaderlo.

Anche Roberto ha deciso di andare nello stesso istituto e, quando Ottilia lo ha saputo, ha cominciato a dire a Rinaldo: – Alle medie ne hai combinate di tutti i colori con Roberto. Scommetto che ti riporterà sulla cattiva strada.

– Non ho più niente a che fare con lui – l'ha rassicurata Rinaldo. – Non mi sono iscritto a questa scuola per fare stupidaggini.

– E poi, se non vieni nella mia scuola, ci vedremo pochissimo – gli ha detto. – Ho paura che il nostro amore si raffreddi. Anzi, che si congeli. È questo che vuoi?

Rinaldo le ha spiegato che possono vedersi lo stesso, dopo la scuola, e che questo non impedirà loro, per esempio, di fare i compiti insieme.

– E come? – gli ha chiesto Ottilia. – Cosa c'entrerà il mio latino con la tua chimica? Staremo insieme per modo dire.

Quando capisco che Ottilia è così nervosa le dico: – Ricorda che Rinaldo sta progettando il suo futuro, come me e come te. Non puoi ostacolarlo.

– Va bene, va bene. Ma posso essere un po' seccata, almeno?

– Hai tutto il diritto di esserlo. Dopodiché...

– Gli lascerò fare quello che desidera, d'accordo –. Poi Ottilia ha allargato le braccia e mi ha detto: – Ieri ha cercato di spiegarmi meglio perché, tra l'altro, ha scelto questo corso di studi. Dice che la chimica richiede un atteggiamento mentale fatto di rigore e disciplina. Per uno irrequieto come lui, è la materia giusta. Dovrà imparare a memoria centinaia di formule e partecipare a molte ore di laboratorio. Mi ha spiegato che almeno tre giorni la settimana resterà a scuola anche il pomeriggio per fare esperimenti, ci pensi? Allora quando lo vedrò? Quando potremo passeggiare in centro o andare al Parco del Valentino? Vale, sono depressa.

– Dai, Otti, il tempo lo troverete. Bisognerà soltanto organizzarsi. Se Rinaldo fa qualcosa che gli piace e si sente sostenuto da te, ti amerà più di quanto già non ti ami. E poi non conta tanto il tempo che si sta insieme, ma l'intensità con cui lo si passa. Non ti pare?

– Mi dovrai spiegare come si fa, Valentina. La tua storia con Tazio deve averti insegnato parecchio al riguardo, eh?

– Ti darò dei suggerimenti...

E così, per ciascuno di noi, le strade sembrano già tracciate.

– Con tante scuole diverse e tanti impegni, finiremo col non aver più tempo per stare tutti insieme – ha osservato Ottilia mentre eravamo nei giardinetti sotto casa, seduti su due panchine che si fronteggiano.

Nessuno ha saputo risponderle.

– Se sapremo organizzarci, potremo fare molte

cose in gruppo – ho detto io alla fine. – Fissiamo delle ore che sono libere per tutti e decidiamo come occuparle. Riusciremo ad andare in centro, a vedere un film, a passeggiare al Valentino o a fare una puntata in libreria.

– Aspettiamo che inizino le lezioni per confrontare i nostri orari – ha suggerito Tazio.

– Non abbiamo un'idea di come sarà la nuova scuola, – è intervenuta Irene – questa è la verità. Dovremmo informarci da qualcuno che è del secondo anno, tanto per sapere in anticipo cosa dobbiamo aspettarci.

– Io non conosco nessuno – ha detto Gianni. – E voi?

Ci siamo stretti tutti nelle spalle.

– Potremmo andare davanti alle scuole e fermare uno dei ragazzi più grandi per fargli un paio di domande. Una specie di intervista, insomma – ho proposto.

– Lascia perdere. Pensa piuttosto alla classe in cui finiremo: non conosceremo nessuno. Riusciremo a fare amicizia con degli sconosciuti? Quanto tempo ci vorrà? Che caratteri avranno?

– Sarà come iniziare una nuova vita, Otti. Potremmo conoscere un sacco di persone nuove...

– Già! Ma potremmo incontrare anche dei rompiscatole o dei bulli... Meglio essere pronti a tutto –. E, guardando Rinaldo, ha aggiunto: – Ogni volta che una ragazza ti farà gli occhi dolci, distogli i tuoi e pensa alle formule chimiche, per piacere. Credi di poterci riuscire?

Rinaldo è arrossito e ha scosso la testa.

– Non ci dovremo confrontare solo con i nuovi compagni – ho ripreso io. – Come saranno i professori?

– Sono sicura che starò antipatica a qualcuno – ha detto Ottilia.

– Magari troviamo una prof come Linda.

– Te la sogni una come lei, Valentina.

– Dobbiamo cercare di conoscere bene tutti. Sono certa che una prof gentile e umana la troveremo.

Quanta nostalgia avrò di Linda quando non la vedrò più! Con lei mi sono sentita come con il maestro Angelo.

In questi ultimi giorni di scuola è molto

indaffarata. Ha consigliato a ognuno di noi un libro da leggere e da presentare agli esami con una breve relazione. A me ha suggerito *Stagioni* di Mario Rigoni Stern.

Ho letto il libro in pochi giorni e mi ha molto colpita la conoscenza profonda che lo scrittore ha della natura. Della montagna in particolare, che anch'io amo tantissimo. Alcune frasi mi sono rimaste impresse nella memoria.

Come questa:

Erano belle le sere estive con la luna sopra i tetti. Mi pareva di sentire le stelle e invece erano i grilli sui prati. Allora le voci del paese e della natura intorno, gli odori, i rumori, le nuvole e le luci avevano chiaro riferimento con la vita e seguivano le stagioni dei nostri giuochi e del lavoro degli uomini.

Per me è sempre un'emozione quando le parole ti afferrano e ti catapultano dove lo scrittore vuole portarti.

Spero di riuscire a farlo anch'io, prima o poi.

6
Esami, palpiti e tensioni

MANCANO TRE GIORNI agli esami e Ottilia non si è quasi mossa da casa mia. Ha persino pranzato con noi. Abbiamo passato il tempo ripetendoci a vicenda gli argomenti sui quali ci siamo preparate.

«Sarà un fiasco... un fallimento totale... mi metterò a balbettare... mi cacceranno... mi diranno che non valgo nulla... mi bocceranno senza esitazione...» diceva come una litania.

«Ottilia, sei preparatissima» cercavo di rassicurarla io.

E così, ieri pomeriggio, le ho detto: – Su, andiamo a fare una passeggiata.

– Straparli? Gli esami cominciano domani.

Mancano poche ore, si può dire.

– Appunto per questo, Otti. Abbiamo bisogno di staccare. Andiamo.

– E dove?

– Al Parco Sempione ad ascoltare gli uccelli cantare e a veder giocare i cagnolini.

– Ma...

– Niente ma.

Con un'occhiata ho fatto capire a Irene che preferivo uscire con Ottilia da sola. Al contrario della mia amica, Irene dimostra una calma invidiabile, come se gli esami fossero un evento ordinario.

Ho preso Ottilia sottobraccio e, passo passo, siamo arrivate al parco.

Non c'era molta gente, ma

gli uccellini che cantavano sui platani erano tanti e si sentivano. Inoltre il cielo era affollato di rondini che, dopo aver sorvolato il parco, correvano da una grondaia all'altra dei palazzi di via Cigna.

Ho proposto a Ottilia di sederci su una panchina e di chiudere gli occhi. Io li ho riaperti prima di lei e l'ho osservata mentre il suo respiro tornava regolare e i lineamenti del viso si distendevano.

La mia cara amica, così irruente, così irrequieta, così allegra, così generosa, sembrava essere diventata all'improvviso una bambina timida e spaventata!

Quando i nostri occhi si sono incontrati, le ho preso la mano e le ho chiesto: – Sei più calma? Tra pochi giorni gli esami saranno solo un ricordo. Uno dei tanti che condivideremo insieme.

– Forse non si tratta solo degli esami, Vale. In questo periodo ho l'impressione che si stia creando un solco tra due momenti della mia vita. Da una parte c'è la ragazzina Ottilia, dall'altra c'è... be', questo è il problema, non so chi c'è. Sarebbe bello che tu ti sentissi come me. Almeno potremmo confrontare le nostre sensazioni.

– Le provo anch'io. È come se non sapessi come comportarmi. A volte mi sento quasi un'adulta ma continuo ad avere i pensieri di sempre e mi sembra assurdo. È come se ragionassi da ragazzina in un corpo da grande. È fastidioso, è irritante e mi mette ansia.

– Avverti anche tu queste sensazioni? Sono proprio quelle che provo io. Solo che non riesco a esprimerle come fai tu.

– Te l'ho detto che noi due siamo sempre in sintonia.

Abbiamo richiuso gli occhi e abbiamo ascoltato il garrito delle rondini. Chissà da dove erano arrivate e chissà quante sarebbero tornate al luogo di partenza. Quante avrebbero concluso la loro vita dalle nostre parti? Forse le nuove nate avrebbero ripreso il volo da sole, senza le loro madri...

Proprio come stavamo imparando faticosamente a fare io e Ottilia tra dubbi, ansie e speranze.

Stamattina c'era la prova scritta di italiano.

Io ero abbastanza tranquilla e ho cercato di calmare anche Ottilia.

– Chissà che tema ci daranno – mi ha detto. – Magari non ho niente da scrivere e consegno la pagina bianca. Oh, basta, non voglio farmi ossessionare!

– Otti, se commetteremo degli errori nelle prove, i prof non potranno dimenticare quello che abbiamo fatto durante l'anno. Abbiamo studiato molto e Linda ci seguirà fino all'ultimo, vedrai.

Al termine della prova, siamo usciti da scuola con i visi congestionati. Tazio, Irene, Gianni, Ottilia, Rinaldo e io ci siamo fermati all'angolo di via Patetta per scambiarci le nostre impressioni.

– Un orrore – ha cominciato Ottilia.

Ma ha usato un tono che svelava una certa soddisfazione.

– Sono sicura che hai fatto un bel lavoro – le ho detto. – E voi? – ho chiesto agli altri.

Irene mi ha risposto che pensava di essersela cavata bene.

Tazio, Gianni e Rinaldo invece sono stati più evasivi.

Alla fine abbiamo deciso di tornare a casa per strade diverse. Ottilia non vedeva l'ora di stare da sola con Rinaldo: dopo la fatica e l'ansia, probabilmente aveva bisogno di coccole.

Irene voleva accompagnare Gianni.

E così io e Tazio siamo rimasti soli. – Stringimi forte – gli ho detto. – Ho bisogno di scaricare la tensione.

Tazio mi ha abbracciata e baciata a lungo: – Si è scaricata tutta?

– Quasi tutta – gli ho risposto.

7
Sorprese estive

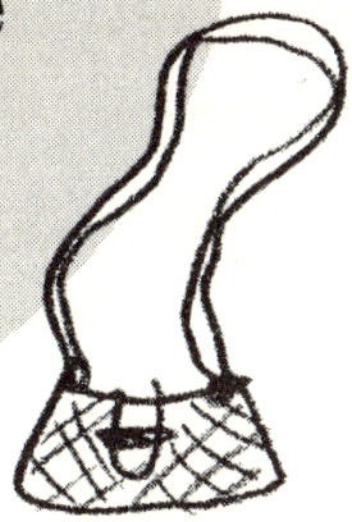

COME AVEVO DETTO a Ottilia, i giorni degli esami sono volati e siamo arrivati agli orali senza molti patemi d'animo.

Ottilia però era troppo calma, quasi apatica, a un certo punto.

– Sei sicura di star bene? – le ho chiesto in attesa che venisse chiamata per essere interrogata.

– Sì, certo, perché?

– Sei così rilassata.

– Sono rassegnata, è diverso. Se vogliono mettermi in difficoltà, lo faranno.

Quando hanno chiamato il suo nome, l'ho abbracciata. Il sorriso che mi ha rivolto al ritorno mi ha spinta ad abbracciarla più forte. Ottilia, però, si è messa a piangere tentando disperatamente di ricacciare indietro le lacrime. Allora l'ho presa per un braccio e l'ho trascinata verso i bagni: – Racconta, racconta. Sono lacrime di felicità, vero? – le ho chiesto.

– È andata molto bene.

– Lo sapevo, te l'avevo detto.

– Non avrò il massimo dei voti ma Linda mi ha fatto i complimenti e ha parlato molto bene di me agli altri professori.

– Sono così contenta, Otti. Adesso tocca a me, speriamo vada bene.

Il giorno dopo è stato il mio turno. Ho parlato a lungo del libro sul quale mi ero preparata e ho citato anche altri racconti di Rigoni Stern. Linda mi incoraggiava con gli occhi ma, a un certo punto, mi sono distratta: mi sono persa negli ultimi sguardi di quella donna che mi aveva aiutata a capire meglio me stessa. Poi uno dei professori ha battuto le mani per svegliarmi dall'incanto: ho chiesto scusa e ho ripreso a rispondere alle domande.

Alla fine anch'io sono tornata da Ottilia con

un po' di voglia di piangere, ma sono riuscita a trattenermi.

– Un successone, immagino – mi ha detto lei.

– È andata bene come a te – le ho risposto. – Adesso è proprio finita.

Oggi hanno esposto i risultati: siamo stati tutti promossi. Dall'atrio ho scorto Linda in sala professori. Stava compilando il registro di classe.

– Posso entrare? – le ho chiesto.

– Ciao, Valentina, entra pure – mi ha risposto mettendo da parte il registro. – Siediti.

Mi sono seduta accanto a lei e ho annusato il suo profumo che non ha mai cambiato da quando la conosco.

– Io... io volevo ringraziarla – ho cominciato.

– E di cosa?

– Di tutto. Lei ha fatto tanto per noi, per me in particolar modo.

– Grazie di cuore, Valentina. Tante volte mi sembra di non saper trasmettere le cose in cui credo, di non saper parlare al cuore e alla testa dei miei ragazzi.

– Lei mi ha conquistata con la sua passione e il suo entusiasmo, prof. Potrò sentirla al telefono, qualche volta? Mi piacerebbe anche poterla rivedere per fare due chiacchiere.

– Ti vedrò e ti ascolterò volentieri, Valentina. Sono curiosa di sapere come ti troverai nella nuova scuola.

Mi sono alzata e ho allungato una mano per stringere quella di Linda. Ma, quasi senza rendermene conto, l'ho abbracciata. Linda, facendomi una carezza sui capelli, mi ha detto: – Buona fortuna, Valentina.

Ancora un po' commossa sono tornata dagli altri.

– Fino al trentuno agosto non voglio sentir parlare di scuola – stava dicendo Ottilia. – Pensiamo a come organizzare le vacanze piuttosto. Almeno finché resteremo tutti a Torino.

Ad agosto, infatti, ciascuno andrà in un posto diverso. Speravo che Tazio venisse con noi a Lido degli Scacchi, ma anche lui andrà con i suoi genitori. Trascorrerà quindici giorni a Zurigo e quindici a Parigi.

L'estate è cominciata in un modo imprevisto.

Di solito, il pomeriggio, ci vediamo ai giardini. Tre giorni fa, invece, Luca, mamma e papà non c'erano così ci siamo riuniti a casa mia.

– Cerchiamo di non mettere in disordine – ho detto agli ospiti. – Altrimenti poi ciascuno sistemerà un pezzo di casa.

Abbiamo fatto merenda con la crostata, abbiamo ascoltato un po' di musica e infine ci siamo collegati a Internet senza uno scopo preciso.

Per accedere a Internet non ci sono password. Luca si collega solo in compagnia di mio padre, io e Irene, invece, siamo libere di navigare a nostro piacere, ma mio padre non la smette mai di ripeterci di essere caute e di fare attenzione.

Gianni ha acceso il computer; con lui c'era anche Irene. Io ero in cucina con Tazio e Ottilia e stavamo lavando piattini e forchette.

– Venite un po' a vedere – ha gridato a un certo punto Gianni.

Siamo corsi nella mia camera.

Sullo schermo del computer compariva una ragazza, della quale non si vedeva il viso, che teneva fra le braccia una gatta dallo sguardo intelligente e malinconico. Era tigrata, tra il bianco e il marroncino, e sulla punta della coda aveva un anello di pelo nero.

Mi sono avvicinata e ho letto sotto la foto: *Questa gatta, di circa sei mesi, è stata abbandonata da gente senza cuore. Era ferita, l'abbiamo raccolta e curata ma non possiamo tenerla. La affidiamo solo a persone che amino davvero gli animali e che le garantiscano di poter vivere in una casa dove sia protetta e amata. Chiamare ora di cena. Non telefonare se non veramente interessati.*

– È carina – ho detto.

– È bellissima! – ha esclamato Gianni.

– Speriamo che sia fortunata e che qualcuno vada a prenderla. Magari l'hanno già fatto. Avete visto quando è stato inserito l'annuncio? – ho domandato.

– Tre giorni fa – mi ha risposto Gianni. Poi ha cominciato a trascrivere il numero di telefono su un post-it.

– Che fai? – gli ho chiesto.

– Voglio andare a prendere quella gatta.

– Sei sicuro che i tuoi genitori saranno d'accordo? – è intervenuta Irene.

– È da tempo che gliene parlo e mi hanno detto che non sono contrari, purché me ne occupi io, naturalmente.

– E se non va d'accordo con il tuo volpino? È possibile che la gatta abbia subito dei maltrattamenti. Non sarà facile da accudire – ho osservato un po' preoccupata.

– Lo vedremo.

Gianni è riuscito a convincere i suoi genitori abbastanza facilmente.

E così ha telefonato alla ragazza dell'annuncio e

ha preso appuntamento con lei per le quattro del pomeriggio di sabato. Tutti volevamo accompagnarlo ma un'auto non bastava. Così ho convinto mio padre a rendersi disponibile per questa trasferta a San Salvatore Monferrato, nella provincia di Alessandria, dove si trovava la gatta. Gianni e Irene sono saliti sull'auto del padre di Gianni, mentre io, Tazio, Ottilia e Rinaldo su quella di mio padre.

San Salvatore Monferrato è un comune abbastanza piccolo, con pochi abitanti: mi ero informata prima di partire e sapevo che per arrivarci avremmo impiegato circa un'ora.

Sara, così si chiamava la ragazza che aveva messo l'annuncio, abitava in una villetta in zona periferica.

Arrivati all'abitazione, Gianni ha premuto il pulsante del campanello ed è venuto ad aprirci un signore.

– Buongiorno... Sono Gianni... di Torino... ho telefonato a Sara – ha cominciato a dire Gianni, un po' emozionato.

– Ah, sì, sei venuto per la gatta. Ciao, sono il papà di Sara.

– Io, invece, sono il padre del ragazzo – ha detto il papà di Gianni.

– E noi siamo i suoi amici – ho aggiunto io. – Spero che non vi dispiaccia se siamo venuti in tanti.

– Ma vi pare! Prego, seguitemi. Sara vi sta aspettando.

Sara ci ha accolti con un sorriso. Sembrava giovanissima, forse non aveva nemmeno vent'anni.

– Piacere, sono il ragazzo che ha telefonato – le ha detto Gianni.

– Ciao, ben arrivato. Eccola, è lì.

Tutti i nostri occhi si sono posati su una gattina che un po' sgranocchiava i croccantini, un po' strappava con le unghie dei giornali sparsi per la stanza. Ma non era sola. Insieme a lei c'erano altri quattro gatti. Uno sul divano, un altro accoccolato in una cuccia, un altro arrotolato su una poltrona, un altro che guardava fuori dalla finestra.

– Come vedete ho molti gatti. Perciò non possiamo tenerne un'altra – ha detto Sara.

Gianni si è avvicinato alla gatta e ha subito notato una grande ferita sulla schiena.

– È stata morsa, non sappiamo da chi – ha spiegato Sara. – Ma ormai è guarita. Anche se non so se il pelo ricrescerà.

Gianni ha allungato la mano per accarezzarle la testa e, contrariamente a quanto mi aspettavo, la gatta ha cominciato a fare le fusa e si è messa a strofinare il muso contro le ginocchia di Gianni.

– È un buon segno: sente che di te può fidarsi – ha detto Sara. – È un po' selvatica, puoi immaginare, dopo quello che deve aver passato. Dovrai avere pazienza con lei, almeno nei primi tempi. Sei sicuro di volerla davvero e di poterla accudire con amore?

Alla domanda di Sara hanno risposto gli occhi lucidi di Gianni.

– Ormai la considero un po' mia – ha proseguito la ragazza. – L'ho accolta in casa quattro settimane fa, in condizioni pietose.

– Ti assicuro che le dedicherò tutte le attenzioni di cui ha bisogno – le ha garantito Gianni.

– Mi manderai delle foto a mano a mano che cresce?

– Naturalmente.

Poi è arrivato il momento di mettere la gattina nella gabbia.

Sara le ha fatto un'ultima carezza e si è asciugata gli occhi con il dorso della mano.
– Naturalmente non ha un nome. L'ho trovata in una notte piena di stelle.

Gianni l'ha ringraziata, ha chiuso la gatta nella gabbietta e siamo andati via.

Prima di salire sull'auto, ci ha detto: – Ho deciso che la chiamerò Stella. Vi piace?

– È un bellissimo nome – gli ho risposto.

Gianni ci ha raccontato che, i primi due giorni, Stella li ha passati nascondendosi dappertutto.

Dal terzo giorno, però, ha cominciato a ispezionare la casa e non ha avuto alcuna difficoltà a fare amicizia con il volpino.

– È un altro segno del bellissimo carattere del mio Gianni – mi ha detto Irene. – Non l'avrei mai incontrato se non avessi conosciuto te, Valentina. Ricordi la prima volta che ci siamo viste al mercato di Porta Palazzo? Avevi pestato la coda a Russell, il mio cane, e io mi ero rivolta a te con rabbia credendo che lo avessi fatto apposta, come gli altri ragazzi. Non potevo pensare che quello sarebbe stato uno dei giorni più belli della mia vita: l'inizio del cammino che mi avrebbe portato nella tua famiglia.

– Nella *nostra* famiglia, Irene.

8
Confidenze con zia Elsa

LE VACANZE SONO FINITE e, per me, è come se fosse finita anche l'estate.

Tazio è stato a Zurigo e a Parigi, io al mare. Tutto come ogni anno, in apparenza. Ultimamente, però, mi sembra che il tempo passi molto più in fretta. È come se non riuscissi più a controllare quello che mi accade.

Tornata a Torino, sono andata a trovare zia Elsa: corro sempre da lei quando sto per prendere una decisione importante o iniziare una nuova avventura. È la confidente ideale perché ti sa ascoltare ed è curiosa senza essere invadente. Dice che i ragazzi di oggi non li capisce bene. Ma io so che non è vero.

– Ciao, zia.

– Ciao, nipotina. Come sono andate le vacanze?

– Bene. Tu cosa hai fatto?

– Ho trascorso quindici giorni in un agriturismo in Sardegna con Paride.

– Sono passata a trovarti per parlare un po': tra pochi giorni comincio il liceo, zia.

– Lo so, è un salto importante.

– Puoi dirlo. E mi sento un po' impreparata – ho confessato.

Eravamo sedute sul divano e zia Elsa mi ha messo un braccio sulle spalle stringendomi a sé.

– Mi sembra ieri, Valentina, – mi ha detto dopo avermi fissata a lungo – che ti tenevo in braccio. E oggi, guardati, sei quasi una giovane donna.

– Anche tu hai l'impressione che il tempo scorra più in fretta, zia?

– Ho cominciato ad averla quando mi sono sposata.

– Io invece ce l'ho già adesso.

– È che oggi si vive con ritmi troppo frenetici. Io sono stata ragazza quando la vita si prendeva con più calma.

– Come ti sei sentita quando hai iniziato la scuola superiore? – le ho chiesto.

– Come un pulcino spaurito. Mi sentivo in un mondo nuovo e mi sembrava di avere gli occhi di tutti addosso.

– Allora le cose non sono cambiate, perché anche per me è così. Per fortuna ci sarà anche Ottilia, insieme ci faremo coraggio.

– Ti conosco, Valentina. Sono sicura che te la caverai benissimo.

– Mi sembra che tutti si aspettino grandi cose da me, e non vorrei che si facessero troppe illusioni. E se mi passasse la voglia di studiare, diventassi triste e non sapessi più prendere decisioni?

– Perché dovrebbe accadere? – mi ha chiesto lei.

– Non sto dicendo che accadrà, zia. Dico che potrebbe succedere. E allora cosa farò?

– Appena sentirai ronzarti nella testa un pensiero negativo, corri subito da me.

– Grazie. Per fortuna ho tanti punti di riferimento nella mia vita: ci sono i miei genitori, Ottilia, Irene, Tazio e ci sei tu. Ma ci sono anche la mia prof di lettere Linda e il maestro. È come sapere che ci sono delle braccia pronte a sostenerti se stai per cadere. Però voglio contare prima di tutto su me stessa.

– Valentina, è da un po' che non vedo Tazio. Siete sempre in buoni rapporti?

– Eccellenti, zia. Continuo a volergli molto bene e lui ne vuole altrettanto a me. Sono sicura di non sbagliarmi. Ormai l'espressione che mi viene più naturale è "lo amo". Ti sembra troppo forte?

– Non mi pare. Penso che venga dal cuore, no?

– Infatti. Ormai siamo cresciuti ma, a volte, questa consapevolezza mi fa venire tanti dubbi. In alcuni momenti non so come mi devo comportare. È come fluttuare su un mare agitato, non so se mi spiego.

– Benissimo. Ma in questi casi non sono molto brava a dare consigli. Comunque, cercate sempre di rispettare le scelte l'una dell'altro. Si sbaglia solo quando qualcuno impone la propria volontà.

– Ottimo consiglio, zia. Sono d'accordo.

– E ora lasciati abbracciare, Valentina. Non vergognarti di tornare un po' bambina ogni tanto.

Zia Elsa mi ha stretta a sé e io mi sono persa

nel suo abbraccio come mi capita di fare qualche volta con mia madre.

– Tienimi informata sulla nuova scuola – mi ha detto dandomi un buffetto sulla guancia.

– Senz'altro. Avrò modo di conoscere tanti nuovi ragazzi. Chissà quante storie si porteranno dentro. Un giorno spero di diventare brava a raccontarle. Te l'ho detto che vorrei fare la scrittrice?

– Sarebbe bellissimo.

– Sarebbe il coronamento di un sogno, zia.

– Sono i sogni che bisogna coltivare con più amore, no?

– Certo, zia. E con cocciutaggine.

– Sono felice che tu sia venuta a trovarmi.

– E io che tu abbia voluto ascoltarmi, come al solito. Vorrei essere una zia come te, un giorno. Adesso devo proprio andare. Più tardi ho appuntamento con i miei amici. Dobbiamo prepararci ad affrontare il nostro primo giorno di scuola. Stringimi forte, zia.

Zia Elsa mi ha abbracciata a lungo e io l'ho stretta a mia volta, come si fa con qualcuno dal quale si teme di essere strappati via.

9
Il grande inizio

DOMANI SARÀ IL PRIMO giorno di scuola. Io e Ottilia, per fortuna, saremo nella stessa classe. Oggi pomeriggio, abbiamo deciso di incontrarci ai giardini. La mia amica e Rinaldo sono arrivati per ultimi tenendosi per mano.

– Bene, ora che ci siamo tutti facciamo il punto della situazione. Avete già i libri? – ho chiesto.

– A me ne mancano ancora quattro – ha risposto Gianni. – Il libraio non riesce ad averli.

– Anche a me ne manca qualcuno – ha aggiunto Ottilia.

– Be' Otti, visto che saremo nella stessa classe, potremmo utilizzarne uno in due – ho suggerito. – Almeno per quanto riguarda alcune materie.

– Buona idea.

– Da domani sveglia alle sei e trenta – ho sospirato. – Ci vorranno più o meno quarantacinque minuti per arrivare in via Sant'Ottavio.

– Chissà che sonno! – ha esclamato Ottilia.

Anche Gianni e Tazio dovranno alzarsi presto: il loro liceo si trova in centro, come il nostro. Il più fortunato, invece, è Rinaldo perché l'istituto Casale è in via Rovigo e ci si arriva comodamente in venti minuti.

– Be', come vi sentite? – ha chiesto Tazio.

– E tu? – gli ha domandato Ottilia.

Tazio si è stretto nelle spalle e non le ha risposto.

– Che ne dite se domani ci rivediamo qui, sotto il platano, verso le quattro? – ho proposto io. – Così facciamo un primo bilancio e vediamo a chi è andata meglio.

– Perché non decidiamo di far diventare questo posto, questo albero, il nostro punto di ritrovo? Potremmo chiamarlo il "Gigante". Rappresenterebbe la nostra amicizia... – ha suggerito Ottilia.

– Mi sembra un'ottima idea, Otti – ho detto.

Gianni, Irene e Tazio hanno accolto la proposta con entusiasmo.

– Passi a prendermi tu domani mattina, Vale? – mi ha chiesto Ottilia.

– Sì, fatti trovare pronta. Almeno il primo giorno voglio arrivare puntuale.

– Stasera andrò a dormire presto. In bocca al lupo a tutti!

Le coppie si sono salutate: Ottilia è andata via con Rinaldo, Irene con Gianni.

Io ho dato la mano a Tazio e ci siamo incamminati verso Parco Sempione.

– Mi sei mancato molto – gli ho detto. – L'anno prossimo dobbiamo convincere i nostri genitori a farci fare una vacanza da soli anche solo per un paio di giorni. Ricordi la colonia gestita dai salesiani dove siamo stati qualche volta quando eravamo alle elementari?

– Quella in Val d'Ayas?

– Esatto. Secondo me ci ospiterebbero senza problemi. Così avremmo tutto il giorno a nostra disposizione per scarpinare sui sentieri di montagna e potremmo salire fino ad Antagnod: non ci sono mai stata e mi piacerebbe farlo con te –. Poi gli ho stretto più forte la mano: – Ho parlato di te con zia Elsa.

– Che cosa le hai raccontato?

– Mi ha dato dei consigli.

– A che proposito?

– A proposito di noi due. Mi ha detto che bisogna sempre fare le scelte di comune accordo.

Intanto siamo arrivati nel parco e siamo andati a cercarci una panchina solo per noi due.

– È un consiglio che condividi? – ho chiesto a Tazio appoggiando la testa sulla sua spalla.

– Completamente.

– Fammi un esempio?

– Vediamo... Se ti chiedessi di abbracciarmi, saresti d'accordo?

Ho finto di pensare profondamente, infine gli ho detto: – Mmm... sono d'accordo –. E mi sono lasciata abbracciare.

Sono tornata a casa mentre il sole tramontava dietro le montagne. Da piccola chiedevo a mio padre se anche il sole andasse a coricarsi. E lui mi rispondeva che il sole non aveva mai sonno perché c'era sempre qualcuno al quale doveva illuminare la giornata.

A cena abbiamo parlato di scuola, naturalmente.

Luca guardava me e Irene come se non ci riconoscesse. Quest'anno andrà in quinta e l'anno prossimo gli toccherà cominciare le medie. Ma è talmente preso dalla sua solita vita che non ci pensa nemmeno. E, del resto, noi non lo assilliamo con le tipiche prediche che si fanno ai bambini e che si concludono sempre con una sorta di sinistra minaccia: "Vedrai quando andrai alle scuole medie...".

Prima di andare a coricarci, io e Irene abbiamo dato un'ultima controllata agli zaini. Non ci abbiamo messo dentro quasi nulla perché non sappiamo le materie del primo giorno.

Io mi sono comprata una nuova penna stilografica e un diario robusto: oltre ai compiti ci annoto anche pensieri, versi di canzoni, titoli di libri e domande cui non so dare una risposta immediata.

Anche Irene si è procurata una penna stilografica e un diario uguale al mio. A volte ci sembra di essere sorelle gemelle, tanto i nostri gusti coincidono: spesso usiamo le stesse cose e ci piacciono gli stessi vestiti.

– Mi dispiace che tu non conosca nessuno della tua classe – le ho mormorato quando ci siamo infilate a letto.

– Prima o poi mi farò un'amica – mi ha detto.

– Ci racconteremo tutto domani.

– Buonanotte, Valentina.

– Buonanotte, Irene.

Naturalmente ero contenta che Irene si trovasse un'amica. Ma, dentro di me, speravo che non diventasse tanto intima da rendere meno forte il nostro rapporto. Irene per me è una sorella e un'amica, quella che un giorno ho incontrato per strada e che ha cambiato non poco la mia vita.

«Valentina, questa si chiama gelosia» mi sono detta. «E se anche fosse?» mi sono risposta.

Ho paura che l'inizio della nuova scuola scombussoli molte abitudini e faccia vacillare anche molte certezze. Non si tratta solo del cambiamento di scuola. Forse sta per mutare anche il mio modo di considerare il futuro e il mio rapporto con le persone cui voglio bene. Insomma, adesso più che mai so di dover attraversare un ponte talmente stretto da non potermi girare per vedere se mi seguono quelli a cui tengo di più. Ho paura di arrivare dall'altra parte, di voltarmi e di vedere che lo hanno fatto solo in pochi.

10
Primo giorno di scuola

NON MI È CAPITATO spesso di prendere un autobus poco dopo le sette di mattina. Non sono abituata a vederne uno così affollato come quello sul quale sono salita con Ottilia e che ha attraversato tutto corso Giulio Cesare fino a via Milano. Qui siamo scese per prenderne un altro che ha percorso via Pietro Micca, piazza Castello e via Po, fino alla fermata che si trova all'altezza di via Sant'Ottavio.

Davanti al liceo c'era una folla di ragazzi: alcuni avevano un'aria spaesata, la maggior parte faceva capannello chiacchierando e ridendo.

– Sembra che si conoscano tutti – ho detto a Ottilia.

– Può darsi che abitino nella zona e che abbiamo frequentato la stessa scuola media.

Ci siamo avvicinate al gruppo più numeroso, rimanendo però sul bordo del marciapiede. A un certo punto, una ragazza con tre anellini a un orecchio e i capelli color fucsia ha cominciato a fissarci con insistenza. Alla fine si è avvicinata e ci ha chiesto: – Da dove venite?

Quando gliel'ho detto si è messa a urlare: – Ma siete fuori?! Chi ve lo fa fare? Dovete attraversare mezza città!

Non mi aspettavo una reazione così e le ho spiegato: – Abbiamo sentito parlare molto bene di questo liceo.

– Non fatevi incantare. Si somigliano tutti.

– Tu l'hai scelto, però – ha ribattuto Ottilia.

– Sì, ma io abito in corso San Maurizio, a due passi da qui. Siete amiche?

– Sì.

– E siete anche nella stessa classe?

– Sì.

– Quale?

– La IV A.

– Anch'io. Che tipe siete?

– E tu? – le ho chiesto di rimando.

– Mi faccio i fatti miei. Però mi piace sapere quelli degli altri – ha risposto con tono supponente.

– Non conosci nessuno in questa scuola? – le ho domandato.

– No, i miei amici sono altrove. Se siete delle tipe toste potete aggregarvi.

– Non sappiamo nemmeno come ti chiami.

– Jenny, per gli amici.

– Io sono Valentina e lei è Ottilia.

– Chi comanda?

– Scusa, cosa hai detto? – le ho chiesto stupita.

– Insomma, chi è la "capa" tra voi due?

Io e Ottilia ci siamo scambiate un'occhiata: – Nessuna.

Jenny ha alzato le spalle e ha continuato: – Quanta libertà vi concedono i vostri genitori?

Iniziavo a essere un po' infastidita da quell'interrogatorio e ho esitato prima di rispondere.

– Vi tengono il fiato sul collo? Vi fissano orari assurdi da rispettare? In tal caso, non fate per me e per i miei amici. Noi ci prendiamo tutta la libertà che vogliamo.

– Buon per voi – le ho risposto.

– Dovete essere le tipiche "brave ragazze", tutte casa e scuola.

– Siamo come ci piace essere – le ho detto. – E non ci facciamo dettare regole da nessuno.

Jenny si è allontanata ancheggiando e ha fatto il gesto di tirarsi su i jeans. In realtà se li è tirati ancora più giù scoprendo l'elastico degli slip.

– Ma l'hai sentita? – mi ha chiesto Ottilia. – Non penserà mica di darci fastidio quella lì?

– Non credo – le ho risposto. – Ha voluto solo mettersi in mostra. Probabilmente non conosce nessuno e ha voluto scambiare due chiacchiere.

– Perché ha scelto proprio noi?

– Credo che si sia fidata del nostro aspetto innocuo.

– Ho l'impressione che dovremo tirar fuori le unghie – ha detto Ottilia.

– Stiamo per entrare nell'aula di una scuola, Otti, non in un'arena.

– Speriamo bene. Quella tipa mi ha lasciata senza parole. E non è da me.

Poco dopo si è spalancato il portone e i ragazzi si sono rovesciati nelle rispettive aule. Io e Ottilia abbiamo trovato la nostra e siamo andate a occupare i due posti in testa alla fila centrale.

– Valentina, perché ci siamo messe così in vista? – mi ha chiesto Ottilia. – Non era meglio scegliere due posti più defilati?

– Perché? Da chi dobbiamo nasconderci, Otti?

– Da nessuno. Ma stando in prima fila è più probabile che ci interroghino.

– Tanto interrogano tutti, prima o poi.

In attesa che arrivasse il professore mi sono guardata intorno ho contato quattordici ragazzi e undici ragazze, comprese me e Ottilia. Mi sono soffermata su un ragazzo robusto con la camicia sbottonata e il codino. Poi su una ragazza molto truccata con delle ciglia che sembravano finte e il rossetto. Un'altra ragazza mi ha sorpresa per il suo viso tondo e lo sguardo trasognato: guardava fuori dalla finestra come se si sentisse prigioniera e avesse nostalgia dell'aria aperta. Infine ho osservato Jenny che si era seduta, da sola, all'ultimo posto della fila di sinistra.

Anche Ottilia si guardava intorno, ma più intimidita di me.

– Otti, sveglia! – le ho detto. – Mi sembri spaventata. Che ti prende?

– Sto studiando la situazione.

Cinque minuti dopo è entrato in classe un uomo alto, con i capelli a spazzola, il viso asciutto e il fisico atletico. Non doveva avere più di quarant'anni. I suoi occhi luminosi e lo sguardo aperto mi hanno lasciata letteralmente senza fiato.

– Buongiorno a tutti – ha detto rimanendo in piedi accanto alla cattedra. – Sarò, almeno per quest'anno, il vostro professore di lettere.

A questa dichiarazione, fatta con voce allegra, è seguito un mormorio.

– Mi chiamo Mario – ha proseguito. – Abbiamo un programma da svolgere. Non intendo annoiarvi, però vi chiederò parecchio. Parleremo di argomenti che vi piacciono, ma avrò anch'io delle proposte da farvi, sulle quali voglio che vi misuriate. Leggeremo molto e vorrei che nelle vostre mani finissero libri di ogni genere. Non solo quelli recenti, ma anche qualcuno che, nonostante abbia parecchi anni di vita, ha ancora qualcosa da insegnarci.

Così dicendo ha sollevato da terra il borsone con il quale era entrato in classe, lo ha posato

sulla cattedra e lo ha aperto estraendo una quindicina di libri.

– Vi illustrerò il contenuto di ciascuno – ha proseguito – e chi fosse interessato a leggerlo può portarselo a casa. Che ne pensate?

Nessuno ha risposto. Io avrei voluto dire che mi sembrava una bella idea, ma sono stata zitta per non mettermi subito in mostra.

– Prendiamo questo – ha cominciato afferrandone uno. – *Zazie nel metrò* di Raymond Queneau. Qualcuno lo conosce?

Sorpresa, ho alzato la mano d'istinto ma l'ho tirata subito giù arrossendo.

– Interessante – mi ha detto il prof. – Lo hai

già letto? Queneau non è propriamente un autore per ragazzi.

La domanda mi è stata rivolta con un tono curioso e simpatico, ma io ero così pentita di avere alzato la mano! Tuttavia non ho potuto fare a meno di rispondergli: – L'ho sfogliato una volta in biblioteca, però ho letto solo le prime pagine.

– Ricordi dov'è ambientato? – mi ha chiesto.

– A Parigi, mi pare.

– Proprio così. Conosci qualche altra opera di Queneau?

– No. Cioè sì. La nostra prof di lettere una volta ci ha letto uno dei suoi *Esercizi di stile* – ho risposto un po' impacciata.

– Però! Dev'essere una collega molto in gamba per fare queste proposte ad alunni di terza media. Gli esercizi di stile di Queneau – ha continuato rivolgendosi alla classe – consistono in una stessa trama raccontata in novantanove modi differenti, con stili diversi di narrazione.

Finalmente ho smesso di essere al centro dell'attenzione e il prof è passato a parlare di altri libri.

L'ora seguente è arrivata la prof di latino e greco: una donna anziana che, fisicamente, somiglia molto alla signora Levi. Da come si è presentata ho capito che deve essere un'insegnante molto decisa e anche un po' severa.

– Se avete scelto questa scuola, dovete accettare tutto quello che comporta la vostra decisione. Per quanto mi riguarda, non regalo voti a nessuno. Ci sono già troppi adulti indulgenti là fuori. Io vi tratterò con rispetto ma ne pretenderò altrettanto. Dovete meritarvi tutto. Abbiamo da fare un bel po' di strada insieme e, se qualcuno rimarrà indietro, sarà solo per causa sua. Bene, immagino che di latino non sappiate nulla.

Nessuno le ha risposto. Nemmeno io e Ottilia che qualcosina stiamo iniziando a masticare grazie alle lezioni della signora Levi.

– Allora partiremo da zero ma andremo veloci. È inutile che cominciate a pensare che tanto con il latino non si va da nessuna parte. Al contrario, è una lingua che faciliterà molto le vostre scelte in futuro. Anche quelle di chi crede di usare solo il computer, e spero di riuscire a dimostrarvelo senza annoiarvi troppo. Ricordatevi che la noia non è così negativa come si crede; bisogna sopportarla almeno un po' prima di lasciarsela dietro, è come quando si attraversa un lungo ponte e non si vede l'ora di arrivare dall'altra parte. Prima o poi ci si arriva.

Ottilia la ascoltava con gli occhi sbarrati, io invece con una certa curiosità. Infatti, a mano a mano che parlava, il suo tono di voce si faceva meno aggressivo e il suo atteggiamento era quello di una che vuole dialogare.

A metà mattinata, durante una breve pausa, Ottilia mi ha detto: – Ci sarà poco da scherzare.

– Coraggio, Otti, andrà meglio di quanto credi.

– La prof di latino ha messo subito le cose in chiaro – ha aggiunto preoccupata.

– Doveva farlo. Preferisco una prof severa con le idee chiare a una indulgente che le ha confuse.

– Ho visto con che occhi guardavi il prof di lettere, avrai mica avuto un colpo di fulmine!

– Non dire sciocchezze, Otti. Mi è sembrato un tipo in gamba, tutto qui.

– Sono certa che cercherai di essere la migliore nella sua materia per farti fare i complimenti.

– Ottilia, ti sei messa in testa di punzecchiarmi?

Ma chi ha cercato davvero di punzecchiarmi è stata Jenny che, avvicinatasi, mi ha detto: – Ho visto che hai voluto subito farti notare dal prof di lettere.

– Ha fatto delle domande e ho risposto.

– Non mi piacciono quelle che amano mettersi in mostra – ha proseguito.

– Non piacciono nemmeno a me.

Stavo mangiando una fetta di crostata e ne avevo offerta una a Ottilia. Mia madre, però, me ne aveva data una terza di scorta, così l'ho presa e ho detto a Jenny: – La vuoi?

– Che roba è?

– L'ha fatta mia madre. È buona.

– Dunque "mammina" ti prepara le torte...

– Se non la vuoi, non sei obbligata a prenderla.

Stavo per rimetterla via, ma Jenny ha allungato una mano e mi ha detto: – Da' qua, ho fame.

L'ha divorata in un batter d'occhio. Jenny è magra. Troppo, secondo me, e penso che avrebbe bisogno di mangiare più crostate fatte in casa. Ovviamente non gliel'ho detto, ma ero contenta che avesse accettato la mia offerta e che l'avesse tanto apprezzata.

Il resto della mattinata è volato.

Al momento dell'uscita da scuola avrei voluto salutare Jenny, ma è sparita immergendosi nella folla.

Sull'autobus che ci riportava a casa, Ottilia mi ha detto: – Quella ragazza ha voglia di darci dei grattacapi.

– Secondo me vuol solo fare amicizia.

– Provocandoti e prendendoti in giro?

– È diffidente e sospettosa, non deve avere fatto belle esperienze finora.

– Come fai a esserne così sicura? – mi ha chiesto Ottilia.

– Questione d'istinto, credo. Ma potrei sbagliarmi. Sta di fatto che siamo le uniche con cui ha cercato di attaccare discorso, no? Nei prossimi giorni vedremo di attaccare noi discorso con lei.

– Vuoi evitare che diventi troppo invadente e insopportabile?

– Ma no, voglio solo conoscerla meglio.

– Chissà come è andata agli altri.

– Ricorda, appuntamento alle quattro ai giardini.

– Appena scendo dall'autobus, chiamo Rinaldo. Mi sembra un secolo che non lo vedo. Chissà se è rimasto fulminato da qualcuna delle sue compagne di classe.

– Non cominciare a farti strane idee, Otti. Se lo conosco bene, Rinaldo ti rimarrà attaccato a lungo.

– Dici?

– Fidati.

11
Rendiconti e racconti

ARRIVATA A CASA, mi aspettavo di trovare Irene, invece non era ancora rientrata.

– Eppure la sua scuola è più vicina della mia – ho detto a mia madre, pronta a buttare la pasta.

– Avrà avuto un contrattempo, Valentina. Com'è andato il primo giorno di scuola?

– Direi nella norma. I prof che ho conosciuto oggi mi sono sembrati bravi. Quello di lettere è un simpaticone.

– E i compagni di classe?

– Un giorno è poco per conoscerli, mamma. Diciamo che si è messa in mostra soprattutto una ragazza, Jenny. Le ho offerto la terza fetta della tua crostata e le è piaciuta molto.

Mentre aspettavo che tornasse Irene ho chiamato Tazio.

– Allora? Com'è andata? – gli ho chiesto.

– Tutto ok – mi ha risposto allegro.

– Come sono i prof?

– Normali, a parte la prof di tedesco.

– Mi chiedo come mai hai scelto proprio questa lingua insieme all'inglese.

– Per un ingegnere è una lingua indispensabile, così mi ha detto mio padre.

– E cos'ha di particolare questa prof di tedesco? – ho domandato incuriosita.

– Ha trent'anni ed è una bellissima donna.

– Non dovrebbe interessarti, visto che tu sei solo un ragazzino. Pensa a studiare e non badare ad altro. A proposito, e le tue compagne di classe come sono?

– Nella norma.

– C'è qualcuna che ti ha colpito?

– Al momento no. Ma quando le conoscerò meglio, può darsi che ne scopra una con doti particolari e meritevoli della mia attenzione... – ha detto ridendo.

– Sei pregato di rivolgere la tua attenzione altrove.

– Mi sforzerò.

– A più tardi, antipatico.

– *Bis später, meine Freundin*.

– Scusa, Tazio, cosa hai detto?

– È la prima frase in tedesco che ci ha insegnato la prof.

– Spero che non sia offensiva – mi sono informata.

– Vuol dire “a più tardi, amica mia”.

– Bisogna che impari anch’io il tedesco.

Irene è arrivata col fiato grosso.

– Scusa, Maria, scusa – ha detto abbracciando mia madre.

– Si è rotto l’autobus che ti riportava a casa? – le ho chiesto ridendo, dopo averla baciata.

– No, mi sono trattenuta ai giardini con Malika.

– Malika?

– Una mia compagna di classe. Poi ti racconto.

A pranzo Irene ha parlato a lungo del suo primo giorno di scuola. Sembrava che tutto, ma proprio tutto, l'avesse positivamente impressionata: professori, compagni, aula.

– Ci hanno fatto visitare i laboratori linguistici – ha raccontato. – Sono molto all'avanguardia. Computer, postazioni Internet e così via. Pensate che la prof di inglese ha fatto l'interprete presso la nostra ambasciata a Londra. E quello di tedesco è di madrelingua: è nato a Stoccarda. Il francese ce lo insegnerà invece un professore napoletano. È un tipo simpaticissimo e ci ha detto che è discendente diretto di un certo Francesco de Sanctis, un grande letterato che è stato anche ministro della pubblica istruzione nell'Ottocento.

– Insomma, sei contentissima – le ho detto.

– Non ho nulla di cui lamentarmi, Vale. Vedremo come andrà nei prossimi giorni.

Finito di pranzare abbiamo sparecchiato e ci siamo offerte di lavare le stoviglie. Io lavavo, Irene asciugava. Poi siamo andate nella nostra camera. Ero impaziente di sapere qualcosa in più di questa Malika.

– Pensavo di parlarne anche con gli altri quando ci vedremo ai giardini – mi ha detto Irene.

– Dai, non tenermi sulle spine.

– È davvero incredibile, Valentina.

– Cosa?

– Che io abbia fatto amicizia con questa ragazza dopo pochi minuti. Ci siamo ritrovate nello stesso banco, ed è bastato uno sguardo per capire che io potevo fidarmi di lei e lei di me.

– Dal nome non si direbbe una ragazza italiana.

– In realtà è italiana come te e come me, perché è nata a Torino. A proposito, abita a due passi da casa nostra, in via Botticelli. Ma i suoi genitori sono di Casablanca, in Marocco. La pensavo molto discreta, invece mi ha parlato di sé come un fiume in piena. Uscite da scuola, siamo andate a sederci su una panchina in piazza Rebaudengo, e Malika non mi ha lasciata andare se non dopo avermi fatto un resoconto dettagliato della sua vita. È per questo che sono arrivata tardi.

– Di cosa ti ha parlato?

– Della sua famiglia, soprattutto. Lei è la più piccola di tre figli. Il fratello più grande, che si chiama Hassan, ha venti anni. Malika mi ha detto che è molto severo con lei e che la controlla troppo. La sorella, invece, che si chiama Fatima e ha diciannove anni, è per Malika anche una vera amica e una preziosa confidente. Malika dice che è affettuosa e molto protettiva con lei e che la difende dalle pretese eccessive di Hassan.

Vivono tutti da molto tempo a Torino e, a parte il fratello, stanno benissimo in Italia. Il padre fa il metalmeccanico ed è un operaio specializzato. La madre è casalinga e né lei né il marito impongono alle figlie comportamenti che le mettano a disagio con gli altri o con se stesse. È solo Hassan, dice Malika, che ha una visione molto rigida dei rapporti tra ragazzi e ragazze, tra uomini e donne.

– Ti ha raccontato tutte queste cose?

– Te l'ho detto, ha raccontato senza freno. È come se mi avesse scelta per amica speciale. Credo che anche lei lo diventerà per me. Mi ha parlato anche dei suoi progetti: spera di insegnare ma vorrebbe anche poter viaggiare. Conosce benissimo il francese perché in casa lo parlano insieme all'arabo, oltre all'italiano, ovviamente.

– Una vera cosmopolita, insomma – ho commentato.

– Ogni estate vanno a trovare i nonni e i parenti a Casablanca. Però mi ha detto che laggiù si sente un po' un'estranea. Ama l'Italia ed è qui che vuole costruire il suo futuro. Suo fratello la pensa diversamente, ma a lei non importa. Si sente sostenuta dai genitori e dalla sorella ed è abbastanza tranquilla. Non ha mai avuto grandi amiche, mi ha confessato, e quando ci siamo lasciate mi ha abbracciata come se mi conoscesse da sempre. Insomma, un incontro assolutamente imprevedibile. Valentina, vorrei che Malika entrasse a far parte del nostro gruppo: sono certa che si troverebbe benissimo e poi abita in zona e sarà facile incontrarsi.

– Non vedo l'ora di conoscerla, Irene.

– Prima o poi voglio andare a trovarla a casa sua, ma mi piacerebbe invitarla da noi, qualche volta.

– Sarà la benvenuta.

– E tu, Valentina, hai conosciuto persone interessanti?

– Una. Si chiama Jenny. Fa la dura e vorrebbe sembrare anche insolente, ma credo che sia soprattutto una ragazza sola. Anche se si è comportata in modo da farsi respingere, mi ha incuriosita.

– Dove abita?

– In corso San Maurizio, vicino alla scuola e

dunque lontana da qui. Ottilia non la pensa proprio come me, ma nei prossimi giorni potrebbe cambiare idea.

– Voglio sentire cosa hanno da raccontarci gli altri. Cominciamo ad avviarci? – ha chiesto Irene.

Ho dato un'occhiata all'orologio: le quattro meno un quarto.

– Andiamo.

12
Amicizie ai giardini

E COSÌ IRENE aveva trovato un'amica speciale. E dopo un solo giorno di scuola. Me ne aveva parlato con un'eccitazione e un trasporto tali, che avevo subito capito quanto fosse già in sintonia con Malika.

Nell'amicizia capita come nell'amore, ho pensato. A volte ci vuole tempo perché nasca e si approfondisca, a volte scoppia come un temporale che ti sveglia da un lungo torpore.

Comunque speravo che non rimanesse delusa da questa nuova amicizia. Irene è una ragazza acuta, ed è difficile che si lasci ingannare dalle apparenze. Anche per queste sue qualità l'ammiro e le voglio bene.

So che io non cambierò mai con lei e mi auguro di cuore che neanche lei cambi con me.

Quando siamo arrivate al Gigante, Ottilia era già là e stava giocando con i capelli di Rinaldo. Ho sorriso e, quando ho visto che anche Tazio ci stava raggiungendo, non ho potuto fare a meno di corrergli incontro e abbracciarlo.

Mi aspettavo di vedere accanto a lui Gianni, ma non c'era. Anche Irene se lo aspettava e ha chiesto a Tazio: – E Gianni?

– Gli ho telefonato. Mi ha risposto sua madre e mi ha detto che è dovuto uscire improvvisamente col padre.

– Non ti ha detto dove andavano? – ha insistito Irene.

– Non lo so, non gliel'ho chiesto.

Irene era delusa e si vedeva. L'assenza di Gianni sembrava aver impoverito il gruppo quasi di colpo.

E, mentre Irene rimaneva pensosa, Ottilia ha detto: – Ragazzi, dobbiamo cercare di non mancare agli appuntamenti del gruppo. Se qualcuno non può venire deve farcelo sapere in anticipo.

Non possiamo metterci a indovinare e preoccuparci inutilmente. Gianni non si è comportato bene. Appena lo senti, striglialo, Irene. Sotto il Gigante dobbiamo fare in modo di esserci tutti, sempre. Comunque il gruppo è, più o meno, al completo – ha concluso.

– Chi comincia? – ho chiesto io.

– Facciamo iniziare il futuro chimico – ha proposto Ottilia. – Colui che salverà la Terra da ogni inquinamento. Vai, Rinaldo.

– Non ho molto da dire – ha cominciato Rinaldo. – I professori sembrano persi in un'altra dimensione.

– Interessante – ha detto Tazio. – Sarà per le migliaia di formule che hanno nella testa.

– Attento a non diventare anche tu così! – gli ha raccomandato Ottilia scompigliandogli i capelli.

– Ho visto i laboratori – ha ripreso Rinaldo. – Sono impressionanti! Ci sono le cappe, le bilance di precisione, i distillatori, gli imbuti separatori, gli essiccatori, il filtro Büchner, il cromatografo, gli alambicchi, le centrifughe, gli agitatori magnetici... C'era di tutto e mi veniva voglia di toccare ogni cosa.

– Ne parli come se fosse il paese delle meraviglie – ha detto Ottilia, ammirata per l'elencazione precisa che ci aveva fornito Rinaldo. – Visto che hai voluto tanto iscriverti a questa scuola, fa' in modo che io sia orgogliosa di te.

– Ci sono anche delle ragazze? – ho chiesto a Rinaldo.

– Nella mia classe sono poche. Siamo quasi tutti maschi.

– Consolante – ha commentato Ottilia. – Non capisco proprio cosa ci faccia una ragazza in un corso di chimica.

– Hai fatto amicizia con qualcuno? – gli ha domandato Irene.

– Ho conosciuto un ragazzo. Si chiama Mauro e abita in piazza Sofia.

– Qua vicino, insomma – ho osservato io.

– Non gli piace molto camminare e credo che per venire ai giardinetti prenderebbe l'autobus.

– Come mai?

– È piuttosto robusto, è molto alto e sembra

un gigante buono – mi ha risposto Rinaldo. – Dovreste conoscerlo anche voi.

– Presentacelo – gli ha detto Ottilia. – A parte il fatto di essere un gigante buono, cos'altro ha di particolare?

– È una specie di hacker.

– Un *che*?

– Uno che con i computer ci sa fare. Da quello che mi ha raccontato credo che, se volesse, potrebbe accedere a informazioni molto riservate. E non penso che lo abbia detto solo per vantarsi. Del resto, basterebbe metterlo alla prova.

– Molto interessante! – ha esclamato Tazio. – Il tipo mi incuriosisce. Potrebbe intrufolarsi nel computer della commissione che designa gli arbitri delle partite di calcio!

– Mi sembra che stiate fantasticando un po' troppo – ha detto Irene. – Questo Mauro avrà voluto prendersi gioco di Rinaldo.

– Non è così – le ha assicurato Rinaldo. – È un ragazzone timido e impacciato, ma non racconta frottole, ne sono sicuro.

– Quando ce lo presenti? – gli ha chiesto Tazio.

– Se volete, gli dico di venire sotto il Gigante domani.

– Potrebbe entrare a far parte del nostro gruppo – ha suggerito Tazio.

Io ho subito guardato Tazio: mi sembrava strano che, così, senza problemi, venisse accolto un nuovo componente del gruppo. Uno in più e via. Mi chiedo se la gelosia, la paura di perdere qualcuno, sia tipica solo delle ragazze. I maschi includono o trascurano senza apparenti emozioni. Forse esagero.

A quel punto è intervenuta Irene.

– C'è un'altra ragazza che mi piacerebbe avere tra noi – ha detto.

E ha parlato a tutti di Malika, ripetendo più o meno quello che aveva raccontato a me.

Ne ha fatto una descrizione così viva e affettuosa che sembrava si riferisse a una cara amica di infanzia.

– Fai venire anche lei domani – ha proposto Ottilia.

– Glielo chiederò – ha assicurato Irene.

– A questo punto toccherebbe a noi parlarvi

di una certa Jenny – ha cominciato Ottilia guardandomi.

– Lascia perdere – le ho detto.

– Chi sarebbe? – le ha chiesto Tazio.

– Una rompiscatole, a voler essere buoni – gli ha risposto Ottilia.

– Non credo che sia realmente così – ho puntualizzato io.

– Ma se ha preso di mira proprio te! – ha insistito Ottilia, e ha aggiunto: – Comunque non verrà mai da queste parti, abita troppo lontano.

Ottilia ha parlato con un po' di fastidio, ma si capisce che è incuriosita. Inoltre, il comportamento di Jenny spinge me e Ottilia a sentirci ancor più unite, quasi coalizzate.

Devo dire che io, in queste occasioni, sono più aperta di Ottilia. Vorrei conoscere più a fondo Jenny, ma non lo dirò alla mia amica, almeno per il momento.

– E tu? – ho chiesto a Tazio. – Puoi parlare anche a nome di Gianni. Nulla da riportare?

– Per il momento nulla da segnalare – ha risposto Tazio.

– Bene, che si fa? – ha chiesto Ottilia.

– Potremmo fare un salto al Parco della Confluenza – ho proposto.

A settembre la natura ha dei colori riposanti e il parco invitava a passeggiare sui suoi vasti prati o sotto i suoi platani enormi.

Poi, come per muto accordo, ci siamo separati in coppie. Ed è stato a quel punto che Irene mi ha detto: – Io torno a casa. Ho promesso a Luca che lo avrei aiutato a fare i compiti. Ci vediamo dopo.

Ed è quasi scappata via.

– Certo che Gianni poteva avvertire Irene che non sarebbe venuto al Gigante – ho detto a Tazio. – Ci è rimasta così male... Sei sicuro che non si sia preso una cotta per qualcuna?

– Ma no, che dici? Siamo stati insieme tutto il tempo. Irene non ha motivo di preoccuparsi.

– Pensa a come avrei reagito io se non fossi venuto tu – ho replicato.

Sono salita con Tazio sulla pista ciclabile e mi sono avvicinata ai margini del Po, prima del punto in cui la Stura di Lanzo vi confluisce con le sue acque.

– Stiamo così bene insieme – gli ho detto prendendolo per mano – che ho un po' di paura ad allargare il nostro gruppo, anche se penso che sarebbe bello. Potremmo finire con l'annoiarci se non cambiassimo mai. I nuovi ingressi potrebbero stuzzicare nuove curiosità, non ti pare?

«Ma potrebbero anche modificare o distruggere certi rapporti consolidati» ho pensato. Dipende da chi arriva, dal suo carattere, se è forte o debole, se si adatta o vuole dominare.

– A cosa stai pensando? – mi ha chiesto Tazio vedendomi meditabonda.

– A niente.

– Sono curioso di incontrare questo Mauro – ha detto lui.

– E io sono impaziente di conoscere Malika. Irene ne è entusiasta. Mi fido del suo giudizio. Spero che il fratello non le impedisca di unirsi a noi.

– Non ha bisogno di dirglielo, no?

– Non so di preciso quanta influenza lui può esercitare sulle decisioni della sorella. Mi fa una rabbia la pretesa di condizionare la vita di una ragazza solo in base a certi pregiudizi.

– Bisognerebbe conoscere meglio questo Hassan, capire quali sono i suoi criteri di giudizio.

– Non ci sono criteri di giudizio che tengano quando si vuole limitare la vita e la libertà di una persona. Ciascuno deve poter scegliere autonomamente.

– Ma qualche consiglio non è male accettarlo, non credi?

– Consigli, non obblighi, Tazio.

– *Natürlich*.

– Cosa hai detto?

– "Naturalmente" in tedesco.

– Voglio impararlo anch'io. Sai come si dice in tedesco "ti amo"?

– No, ma se vuoi cerchiamo sul dizionario. Andiamo a casa mia.

Avrei voluto tornare presto a casa per parlare con Irene: sapevo che una bella chiacchierata le avrebbe fatto bene. Ma ho deciso di andare da Tazio e di non trattenermi a lungo.

Ci siamo collegati a Internet e in pochi minuti abbiamo scoperto in quanti modi si può dire in tedesco "ti voglio bene... ti amo... ti adoro" e così via. Me li sono annotati su un foglio e mi sono esercitata a ripeterli con Tazio.

Quando sono arrivata a casa, Irene mi ha detto con un tono di sollievo nella voce: – Ho chiamato Gianni.

– Ti ha spiegato?

– Sì, era davvero uscito con suo padre.

– Perché non ti ha telefonato?

– Mi ha detto che aveva dimenticato il cellulare a casa.

– Sei più tranquilla?

– Adesso sì.

13
Jenny

STAMATTINA ABBIAMO CALCOLATO male i tempi e siamo arrivate un po' prima a scuola.

– Potevo dormire altri dieci minuti – mi ha detto Ottilia. – Comincio a sentire la mancanza di sonno.

– Converrà andare a letto prima la sera – ho suggerito.

– Infatti, e quando inizieranno a fioccare i compiti ci sarà sempre meno da dormire.

– Dovremo rinunciare a vederci tutti i pomeriggi ai giardini, Ottilia.

– Quando avremo un po' di tempo per rilassarci?

– Il sabato e la domenica – le ho risposto.

Davanti alla scuola era tutto un fitto parlottio. Poi è arrivata anche Jenny e ha puntato diritto verso di noi.

– Ciao – l'ho salutata per prima.

– Comincia a seccarmi questa levataccia tutte le mattine – ha sbuffato.

– Pensa quanto secca a noi che veniamo dall'altra parte della città – ha detto Ottilia.

– Potevate farne a meno. Ci sono licei anche nella vostra zona.

Durante l'intervallo, Jenny si è accodata di nuovo a me e Ottilia. Ha aperto un sacchetto di patatine e ce le ha offerte.

– No, grazie – le ho detto. – Non voglio mischiare il salato al dolce della crostata.

– Sei sempre così "precisina" tu? – mi ha chiesto Jenny, ironica ma anche irritata dal mio rifiuto.

Allora ho afferrato una patatina e l'ho messa in bocca.

– Si direbbe che la consideri puro veleno – mi ha preso in giro Jenny. – Dev'essere troppo complicato avere un'amica come te.

A quel punto è intervenuta Ottilia: – Sembra che tu vada cercando le occasioni per prendertela con noi. Se non ti va come siamo, se non ti piace quello che mangiamo, tanto vale che ci lasci in pace, no?

Jenny non si aspettava l'osservazione dura di Ottilia e per qualche secondo è rimasta senza parole. Ma si è ripresa subito: – Non è che siete così speciali come vi credete.

– Nessuna si crede speciale – ho risposto io, senza alzare la voce.

– Ma se state sempre attaccate come due ventose e fate muro contro tutti e contro tutto.

– Non è vero. Perché ti diamo questa impressione? – le ho chiesto con la sincera intenzione di dialogare.

Ma non ha fatto in tempo a risponderci: senza rendercene conto, eravamo finite tutte e tre in prossimità dei bagni e in quel momento stava passando la preside. Si è soffermata sui jeans di Jenny, calati abbondantemente sotto l'ombelico, e le ha detto: – Mi dispiace, ma devo chiederti di tirarti su quei pantaloni o di sistemarti la maglietta.

– Perché? Non posso vestirmi come mi pare? – le ha chiesto Jenny arrossendo un po'.

– Fuori dalla scuola certamente. Ma in classe pretendo un minimo di decoro. È chiedere troppo? Io non credo.

La preside le ha parlato con calma e ha persino sorriso prima di proseguire verso il suo ufficio.

Jenny però era molto irritata: – Non faccio altro che trovare bacchettoni sulla mia strada – ha sbuffato. – Scommetto che voi due siete d'accordo con lei, vero?

Ottilia si è limitata a stringersi nelle spalle.

Io invece ho detto: – Fa il suo mestiere.

Prima di rientrare in classe, Jenny si è tirata su i jeans di un paio di millimetri ed è tornata ancheggiando al suo banco.

– Che ne pensi? – ho chiesto a Ottilia.

– Di Jenny, dei suoi slip o dei suoi jeans?

– Di tutto.

– Sugli ultimi due non riesco a pronunciarmi. Quanto a lei, fa di tutto per rendersi irritante.

– Chissà perché.

– Già, chissà perché. E chissà perché ha scelto noi per esercitarsi a rompere le scatole a qualcuno.

Oggi abbiamo conosciuto la prof di inglese: ci ha parlato di Plymouth, nel Devon, dove trascorre i mesi estivi con il marito, nativo di Exeter.

Sono riuscita a non intervenire dicendo che anche io e Ottilia eravamo state a Plymouth quando avevamo fatto scambio con una classe di ragazzi inglesi nella scuola media. Non volevo mettermi in mostra un'altra volta e dare così l'occasione a Jenny di ironizzare su di me.

Terminate le presentazioni, la prof ci ha fatto aprire il libro e abbiamo letto e commentato insieme una delle poesie dell'*Antologia di Spoon River* di Edgar Lee Masters.

All'uscita da scuola, ci aspettava una sorpresa. Senza volerlo, abbiamo percorso un pezzo di strada proprio dietro Jenny. A un certo punto si è bloccata accanto a una donna che si era accostata al marciapiede manovrando una carrozzella elettrica per disabili.

– Perché sei venuta? – le ha chiesto Jenny.

La donna, con i capelli biondi e gli occhi azzurri, ha risposto: – Mi stavo annoiando in casa e ho pensato di venire a prenderti e di fare un po' di strada insieme. Ti dispiace?

– No, figurati. Andiamo.

– Chi sarà? – mi ha domandato Ottilia.

– Penso che sia... sua madre.

– Ne sei sicura?

– Non ne sono sicura, Otti. Lo immagino.

Sull'autobus che ci riportava a casa siamo rimaste a lungo silenziose.

Infine Ottilia ha detto: – Sarà meglio far finta

che non l'abbiamo vista andare via con quella donna.

– Non c'è nulla di cui vergognarsi, Otti.

– Lo so bene, Valentina. Pensavo che forse a Jenny non piacerebbe parlarne.

– Otti, non siamo obbligate a dirle che l'abbiamo spiata. Se un giorno le andrà di confidarsi, lo farà.

14
Malika e Mauro

STAMATTINA JENNY è entrata in classe per ultima. A occhi bassi, è andata a sedersi al suo posto e si è messa a guardare fuori dalla finestra. Non ci ha rivolto nemmeno uno sguardo, al contrario dei giorni scorsi, quando non la smetteva di fissarci.

Durante l'intervallo se n'è stata per conto suo.

– Sembra che ci eviti – mi ha detto Ottilia. – Dev'essersi accorta che l'abbiamo vista allontanarsi con quella donna.

– Con sua madre, Otti.

– Questo non puoi dirlo. Magari è una zia o una vicina di casa.

– Non credo. Non sarebbe stata così remissiva.

– Bisognerebbe chiederglielo – ha continuato Ottilia.

– Non dobbiamo nemmeno provarci. Dev'essere lei, se vorrà, a dirci com'è la sua situazione familiare.

– E se tu le offrissi un pezzo di crostata? Sarebbe un pretesto per avvicinarla. Adesso che ci ignora, mi va di parlarle. Vorrei conoscerla meglio. Preferisco le ragazze sfrontate a quelle troppo riservate.

– Vieni, andiamo da lei, Otti – e ci siamo avvicinate a Jenny, che passeggiava col naso per aria. Le sono arrivata alle spalle e quando le ho chiesto: – Ne vuoi? – si è girata di scatto come se l'avessi aggredita.

– Scusa, non volevo spaventarti – le ho detto brandendo una fetta di crostata.

– Non mi hai spaventata e comincio a essere stufa delle tue crostate. Non cambi mai?

Le parole erano dure ma il tono quasi sommesso. Perciò non mi sono arrabbiata e le ho risposto: – Hai ragione. Chiederò a mia madre di variare la ricetta.

Lei è rimasta spiazzata, ma ha subito replicato: – Vai a comprarti una merendina qualsiasi in un supermercato. Tua madre non è mica al tuo servizio.

Con quelle parole, è stata lei a spiazzare me.

– Aiuto mia madre ogni volta che posso. Non sono una che sfrutta gli altri –. Poi le ho ripetuto: – La vuoi?

– Non ho fame, grazie.

Ho capito che non aveva voglia di fare conversazione e, dopo aver fatto un cenno a Ottilia, stavo per ritirarmi in buon ordine. Prima di allontanarmi però le ho detto: – Ho visto che non hai ancora il libro di inglese. Io e la mia amica ne abbiamo due. Se vuoi, possiamo prestartene una copia per la lezione.

Jenny mi ha lanciato uno sguardo velenoso ed è tornata in classe. In ogni caso, prima che cominciasse la lezione, sono andata a posare sul suo banco il mio libro di inglese.

Oggi la donna sulla carrozzella elettrica non si è vista e Jenny è corsa via come se avesse una gran fretta.

– Che ne pensi? – mi ha chiesto Ottilia mentre l'autobus si riempiva rapidamente alla fermata del mercato di Porta Palazzo.

– Se lei non vuole parlare con noi, dobbiamo essere noi a parlare con lei. Dobbiamo invertire le parti.

– Purché non ci insulti un giorno o l'altro.

– Non lo farà – ho risposto.

– Sembri sicura di quello che fai.

– Macché, procedo a casaccio, Otti.

Avevamo spostato l'appuntamento con gli altri sotto il Gigante alle cinque.

– Perché prima non fai un salto da me? – mi ha chiesto Ottilia mentre ci salutavamo. – Diamo un'occhiata alla grammatica di latino.

– Sarò da te alle quattro meno un quarto – le ho risposto.

Ottilia sembra aver cambiato idea a proposito del latino.

– Sono pronta a sfidarlo – mi ha detto. – Col tuo aiuto, si capisce.

A casa di Ottilia, dopo aver letto e riletto una

parte della coniugazione del verbo *laudare*, ci siamo messe a sfogliare l'antologia e ci siamo imbattute in una poesia di Marziale. Erano pochi versi, dedicati alla morte di una bambina di meno di sei anni, nata schiava a casa del poeta e alla quale lui doveva aver voluto molto bene. Infatti ne piange la scomparsa prematura e la raccomanda ai propri genitori perché le stiano vicino, non la lascino spaventare dalle tenebre e giochino semmai con lei, come la piccola faceva col poeta quando era in vita.

– Ma questi latini parlavano solo di morte? – ha detto Ottilia al termine della lettura.

Sfogliando ancora l'antologia, abbiamo trovato una poesia di Catullo nella quale il poeta chiedeva alla sua donna di dargli mille e mille baci, addirittura diluvi di baci.

E questo ha confortato Ottilia. – Meno male, sapevano anche vivere! – ha esclamato.

Alle cinque eravamo ai giardini. Il Gigante si stava spogliando delle sue foglie e pareva un po' meno imponente. Ma anche con i suoi rami nudi dominava come un guardiano severo e bonario allo stesso tempo.

I giardini si riempiono soprattutto verso le cinque, quando i bambini escono da scuola e dall'asilo e molti genitori li portano a giocare sugli scivoli prima di rientrare a casa. Gli anziani ci vengono la sera, prima di cena.

Tazio, Gianni, Rinaldo e Irene erano già arrivati. Irene stava parlando fitto fitto con Gianni, che le accarezzava teneramente una mano.

– Ciao, Rinaldo. Io e Valentina siamo reduci da una grandinata di baci – ha detto Ottilia e Rinaldo l'ha guardata perplesso.

Poi lei ha precisato: – Quelli che un poeta latino chiese alla sua donna, cosa hai capito? Tu però almeno un bacio potresti darmelo. O ti vergogni davanti a questa assemblea di studenti? –. Ottilia ha sfiorato le labbra di Rinaldo e ha chiesto: – Dov'è questa Malika? E questo esperto di computer?

– Malika sta arrivando – ha detto Irene andando incontro a una ragazza in jeans e maglietta azzurrina, che stava attraversando la strada in quel momento.

Prima che si avvicinasse ho avuto il tempo

di osservarla. Malika era davvero bella: il suo viso era perfettamente ovale, gli occhi erano radiosi e dalle ciglia lunghe, la bocca naturalmente atteggiata al sorriso. I capelli, neri e lucenti, erano raccolti in una lunga coda di cavallo.

Irene l'ha presa per mano e ce l'ha presentata.

– Ciao... ciao... ciao... ciao... – l'abbiamo salutata uno dopo l'altro.

A quel punto, Malika non sapeva dove posare lo sguardo.

Ma Irene ha cercato di metterla subito a suo agio. – Siamo contenti che tu sia qui con noi – le ha detto.

– Mi dispiace di aver fatto tardi – si è scusata Malika. – È venuta a trovarci mia zia e non potevo allontanarmi.

Ci siamo seduti sulle panchine e ho cercato

di trovare un argomento di conversazione per rompere il ghiaccio.

Ottilia però mi ha preceduta e, rivolta a Malika, le ha detto: – Non ho mai visto dei capelli neri come i tuoi. Sono bellissimi.

Malika, imbarazzata, ha abbassato la testa.

Per cambiare discorso ho pensato di chiederle se si trovava bene nella classe di Irene.

– Sì – mi ha risposto.

– Mia sorella è molto contenta di averti conosciuta. Perché non vieni a casa nostra uno di questi giorni?

– Lo farò.

– Mi piacerebbe conoscere tua mamma – le ha detto mia sorella.

– Puoi venire da noi quando vuoi, Irene. Le farà piacere accoglierti, le ho già parlato di te.

– Hai voglia di far parte del nostro gruppo? – le ha chiesto Ottilia.

– Se a voi fa piacere, volentieri – le ha risposto Malika.

– Noi non facciamo niente di eccezionale, a parte andare in centro, al cinema, in biblioteca, al Parco del Valentino, in collina – le ha spiegato Ottilia. – Puoi fare anche tu queste cose?

– In che senso?

– Voglio dire, i tuoi genitori ti daranno il permesso?

– Mia madre mi lascia fare quasi tutto. Basta che torni a casa a una certa ora.

– Questo vale anche per noi – le ha assicurato Ottilia.

Nel frattempo Tazio, Gianni e Rinaldo continuavano a stare zitti e a fissare Malika. Tanto che, a un certo punto, ridendo, ho chiesto loro: – Dite un po', siete ammutoliti?

Ottilia, guardando Malika, ha precisato: – Sono i nostri ragazzi.

– Capisco – ha mormorato lei.

– Sono dei tipi a posto – ha proseguito Ottilia. – Quasi degli angioletti. Vero?

Tazio, Gianni e Rinaldo hanno guardato Ottilia come se avesse fatto una dichiarazione sconcertante e hanno continuato a tacere.

– Insomma! Avete perso la voce? – ho chiesto rivolgendomi a Tazio in particolare. Anche lui

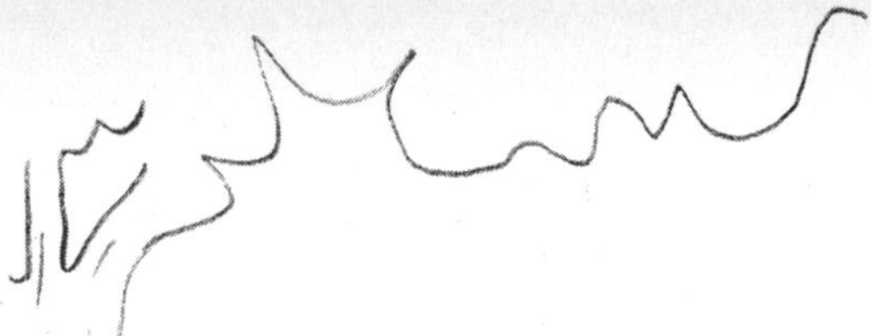

sembrava folgorato da Malika. E il tono della mia domanda è risultato stridulo e persino un poco petulante. Per fortuna me ne sono accorta e ho cercato di sorridere.

– Continuate a parlare voi... – ha detto Tazio.

– Sono anche timidi e innocui – ha assicurato Ottilia a Malika.

Credo che avrebbe finito col farli arrossire se, in quel momento, non fosse arrivato un ragazzone con una camicia larga e

stropicciata. Era comparso dal nulla. Camminava oscillando e aveva due mani enormi. Da lontano sembrava un adulto ma, avvicinatosi, ho notato un'espressione ingenua e infantile.

– Mauro! – ha esclamato Rinaldo.

Mauro sovrastava tutti ed era talmente imbarazzato che sembrava sul punto di fare dietro-front e andar via. Rinaldo però ha cercato di metterlo a suo agio: ce lo ha presentato con molto entusiasmo e tutti gli abbiamo stretto la mano e gli abbiamo dato il benvenuto.

Ottilia, però, ha subito fatto una domanda che l'ha messo enormemente in imbarazzo: – Dunque sei tu l'esperto in computer? Ma davvero sei capace di carpire i segreti di re e capi di stato?

Mauro l'ha fissata con gli occhi sbarrati. Poi ha guardato Rinaldo.

– Io non ho mai detto nulla del genere – gli ha assicurato Rinaldo. – Ottilia è una che trae conclusioni assurde.

– Ma ci hai detto che è bravissimo con il computer, no?

– Sì, certo, ma questo non significa che possa carpire i segreti dei capi di stato. Come ti è venuto in mente?

– Sapresti farlo? – ha chiesto Ottilia a Mauro.

– Tutto è possibile – ha ammesso lui.

– Noi usiamo i computer senza avere nessuna specializzazione – è intervenuto Tazio. – Saresti disposto a darci qualche lezione?

Mauro ha annuito.

– Sei un hacker? – ha continuato Ottilia peggiorando la situazione.

Mauro ha esitato un po', poi le ha risposto: – Non sono un criminale.

– Quando si sente parlare di hacker, in genere si pensa a persone che si infiltrano nella rete informatica – ha insistito Ottilia.

– Io non faccio niente del genere – ha borbottato Mauro.

– E cosa fai allora?

– Affronto delle sfide.

– Di che tipo?

– Oh, insomma, smettila di fargli il terzo grado, Otti – ha detto Rinaldo.

– Ma scusate, visto che ha questa abilità potrebbe aiutarci – ha ribattuto Ottilia.

– In che senso?

– Quando dovremo fare gli esami di maturità, potrebbe darci i titoli delle prove in anteprima.

– Tu sei tutta svitata.

– Ritira subito quella parola o non ti parlo per i prossimi cinque minuti.

Mauro ha sorriso e poi ha preso posto sulla panchina tra Rinaldo e Gianni.

– Mauro, dove abiti di preciso? – gli ho chiesto.

– In Strada di Settimo, quasi all'ingresso di piazza Sofia – mi ha risposto, contento di cambiare argomento.

– In pratica proprio a ridosso del Parco della Confluenza.

– Sì.

– Noi ci andiamo spesso. Anzi, che ne dite se domani facciamo un giro in bici sulla pista ciclabile che porta a San Mauro?

– Io ci sto – ha risposto Tazio. E così tutti gli altri.

Anche Mauro, con mia sorpresa, ha detto subito di sì. Malika, invece, non si è pronunciata.

– Non ti va di venire? – le ha chiesto Irene.

– È che... non ho una bici – le ha risposto imbarazzata.

– Posso prestarti la bici di mia sorella – le ha proposto Mauro. – Non la usa quasi più, ma è nuova.

– Allora siamo a posto – ha detto Irene. – Sei d'accordo, Malika?

– Va bene.

A un tratto, però, Malika ha lanciato un'occhiata alla strada e ha cercato di nascondersi dietro Irene. Io ho guardato nella stessa direzione e ho visto che stavano passando tre ragazzi che scherzavano tra loro e si davano gomitate. Ho intuito che uno dei tre fosse il fratello di Malika. Non riuscivo a spiegarmi altrimenti il suo sguardo improvvisamente spaventato.

I tre ragazzi hanno attraversato la strada e sono scomparsi dalla nostra vista.

Malika ha cercato di riprendersi passandosi una mano sulla fronte.

Gli altri sembravano non avere notato nulla e io sono stata zitta.

Quando ci siamo salutati, dandoci appuntamento per il giorno dopo, ho sorriso a Malika e le ho detto: – Sono contenta di averti conosciuta. Spero che diventeremo buone amiche.

Alla fine noi ragazze l'abbiamo accompagnata a casa, mentre Tazio, Gianni e Rinaldo sono rimasti ai giardini con Mauro.

– Volete salire? – ci ha chiesto Malika sotto il portone di casa.

– Grazie, un'altra volta magari – le ha risposto Irene.

– A domani – ha detto lei.

Dopo aver lasciato Malika, Ottilia ha osservato: – Sembra timida e insicura.

– Non è così – ha assicurato Irene. – A scuola è molto spigliata.

– Vuoi dire che l'ho imbarazzata con le mie parole?

– Ma no. Si è vista circondata di colpo da tante persone ed è rimasta un po' sulle sue. Domani sarà diversa, vedrai.

A quel punto sono intervenuta io: – Non avete notato quello che è successo poco fa ai giardini?

– Che cosa avremmo dovuto notare? – mi ha chiesto Ottilia.

– A un certo punto sono passati tre ragazzi. Appena Malika li ha visti, ha cercato di nascondersi dietro Irene. Deve aver riconosciuto qualcuno dal quale non voleva farsi vedere, ci giurerei. Credo che uno dei tre fosse suo fratello, quello di cui ci hai parlato, Irene.

– Hassan?

– Ne sono quasi sicura. Malika sembrava molto spaventata.

– Domani glielo chiederò – ha detto Irene.

– E che cosa ne pensate del "colosso"? – ci ha chiesto Ottilia passando a parlare di Mauro.

– Dev'essere buono come il pane – le ho risposto. – E sarà meglio non metterlo in difficoltà, Ottilia. Era così impacciato.

15
La libertà

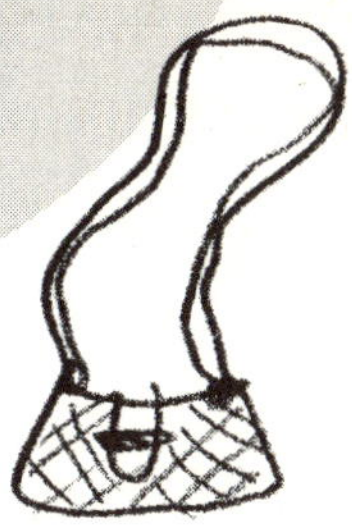

IL GIORNO SEGUENTE sono andata a prendere Malika; con me c'erano Irene e Ottilia. Abbiamo percorso via Botticelli spingendo le bici a mano e, quando siamo arrivate in piazza Sofia, Tazio, Gianni, Rinaldo e Mauro ci stavano aspettando. Mauro sembrava il loro fratello maggiore e teneva saldamente due bici, una da uomo e una da donna. Quella da donna era di un colore rosso fiammante.

– Cosa ha detto tua sorella? – ha chiesto Ottilia a Mauro.

– Niente – le ha risposto Mauro con un sorriso. – L'ho presa dal garage senza dirglielo. Da quando lavora, non la usa più –. E ha offerto la bici a Malika, che l'ha ringraziato con un timido cenno del capo.

– Avanti, miei prodi! – ha esclamato Ottilia.

– Chi ti ha eletto capo della spedizione? – le ha chiesto Rinaldo.

– Io – gli ha risposto Ottilia facendogli la linguaccia.

– Maleducata.

– Sbaglio o voi due state facendo rifiorire le deliziose punzecchiature pre-innamoramento? – ho detto io.

Malika sorrideva e Mauro era meno impacciato. I miei timori erano svaniti ed ero felice che il nostro gruppo si fosse allargato. Mi aspettavo novità ed ero curiosa di vedere come Malika e Mauro avrebbero agito sugli altri.

Il parco era bellissimo e, prima di salire sulla pista ciclabile, abbiamo passeggiato un po'.

Quanti bei ricordi in quel posto! Quante ore deliziose con Tazio! E quante volte ci ero entrata con i miei compagni e il maestro Angelo!

Adesso lo osservavo come quando si torna da un lungo viaggio.

Mi sono avvicinata a Tazio e l'ho preso per mano.

– Cos'hai? – mi ha mormorato in un orecchio.

– Sono emozionata.

– Per cosa?

– Per i giorni andati.

Tazio mi ha fissata strizzando gli occhi, ma ho evitato di confidargli i pensieri che mi ronzavano per la testa.

Poi finalmente siamo saliti sulla pista ciclabile e ci siamo incolonnati per non occuparla tutta. Dapprima abbiamo seguito la stradina che procede verso la Stura di Lanzo e, raggiunto il ponte Amedeo VIII, lo abbiamo attraversato imboccando la pista ciclabile che corre parallela a Lungo Stura Lazio. Poi siamo passati sotto il cavalcavia e abbiamo costeggiato il canale derivatore della centrale AEM. Conosco bene questi posti e potrei percorrerli a occhi chiusi.

Poi ci siamo allontanati dal canale e abbiamo preso la strada che si snoda tra le case della borgata Bertolla. Mio padre mi ha raccontato che in passato la zona era famosa per le sue lavandaie.

All'inizio del secolo scorso il comune di Torino vietò di lavare e stendere i panni sulle sponde cittadine del Po, per non inquinare il fiume, così le lavandaie si riversarono in questa borgata. Mentre pedalavamo, ho raccontato queste cose ad alta voce, e sono passata davanti a tutti raggiungendo piazza Monte Tabor. Dopo aver percorso la strada comunale Bertolla e una strada privata, siamo entrati nel territorio di San Mauro, in via Trento. La nostra meta era piazza Martiri della libertà e ci siamo arrivati senza fiato.

– Una bella pedalata, eh? – ho detto. – Avremo fatto almeno cinque chilometri. Mica male!

– Di quanto saremo dimagriti? – ha chiesto Ottilia.

– Tu non hai bisogno di perdere chili – le ho risposto.

Irene fissava Malika, che aveva uno sguardo trasognato, e a un certo punto le ha chiesto: – Stai bene?

Malika ha annuito, poi ha guardato l'orologio. – Dovrei tornare. Ho promesso di rientrare per le sei e mezzo.

– Ce la facciamo – ho assicurato io. – Soprattutto se, prima di ripartire, mangiamo un gelato.

Ci siamo diretti al bar lì vicino con le nostre bici ma, mentre stavamo entrando, ne sono usciti due ragazzi.

– Hassan! – ha mormorato con voce soffocata Malika.

Il fratello l'ha guardata come se vedesse un fantasma.

Quando si è riavuto dalla sorpresa, le ha chiesto con voce dura: – Che cosa ci fai tu da queste parti?

– Sono... sono con i miei amici – ha balbettato Malika.

Hassan ci ha squadrati uno per uno, come se dovesse decidere chi picchiare per primo, ma noi abbiamo ricambiato i suoi sguardi senza paura. Allora si è rivolto di nuovo alla sorella: – Vieni via con me, subito.

– Ho il permesso della mamma di stare fuori fino alle sei e mezzo – ha reagito con più fermezza Malika.

– Ti ho detto di seguirmi subito.

– Sto tornando a casa con i miei amici.

Hassan era stupito dalla resistenza di Malika e, sfidato apertamente dalla sorella, si vedeva che non voleva fare brutta figura con noi e con l'amico.

Poi si è accorto delle bici. – Sei venuta con una di quelle? – le ha chiesto.

– Me l'hanno prestata – gli ha risposto Malika.

– Basta così, andiamo.

– No, torno con i miei amici.

A quel punto Hassan è arrossito, ha digrignato i denti e io ho avuto la netta impressione che stesse per darle uno schiaffo per poi trascinarla via.

Se l'avesse fatto, credo che mi sarei messa in mezzo e gli avrei sbarrato la strada, ma non è stato necessario: Hassan ha lanciato un ultimo sguardo di fuoco a Malika e si è allontanato con l'amico.

– Un bel prepotente! – ho esclamato quando è scomparso dalla nostra vista.

– Bisogna che torni a casa – ha detto Malika, mortificata.

– Ma tua mamma ti ha dato il permesso di restare fuori casa fino alle sei e mezzo, giusto? – le ho chiesto.

– Sì.

– Allora abbiamo tutto il tempo che vogliamo. Anche di mangiarci un buon gelato.

Irene si è avvicinata a Malika e le ha messo un braccio sulle spalle.

A quel gesto Malika ha chinato la testa rialzandola poi con un'espressione indurita.

– Hai fatto bene a non ascoltarlo – le ha detto Irene. – Non può comandarti a bacchetta.

– Non lo conosci – ha sospirato Malika.

– Adesso credo di sì.

– Stasera si arrabbierà moltissimo ma non me ne importa. Mi difenderanno i miei genitori e Fatima.

– Devi anche difenderti da sola – le ho detto io. – Proprio come hai fatto poco fa. Sei stata brava.

Abbiamo mangiato con tutta calma il gelato, infine abbiamo ripreso le bici, fatto il tragitto inverso e alle sei e mezzo eravamo sotto casa di Malika.

– Grazie a tutti – ci ha detto Malika e, rivolta a Mauro: – Sei stato davvero gentile a prestarmi la bici.

Quando si è chiusa il portone alle spalle, siamo ritornati verso i giardini.

– Bel tipo, proprio! – ha detto Ottilia. – Se fosse mio fratello lo metterei subito in riga.

– Probabilmente gli hanno insegnato a comportarsi in questo modo – ha osservato Tazio.

– Da chi avrà ricevuto questi insegnamenti? – gli ha chiesto Ottilia. – Come mai i genitori e la sorella la pensano diversamente da lui?

– Dai suoi amici, probabilmente – le ha risposto Tazio.

– Se ne scelga di migliori e lasci in pace la sorella – ha concluso Ottilia.

– Sono contenta che Malika adesso faccia parte del nostro gruppo – ho detto. – Ci penseremo noi a sostenerla in caso di bisogno.

– E io sono contenta che sia una mia compagna di classe – ha aggiunto Irene. – Così avrò la possibilità di andarla a trovare a casa e di conoscere i suoi genitori e la sorella.

– Ha il diritto di prendersi le libertà di una ragazza di quattordici anni – ho continuato. – Che cosa ha fatto, dopotutto? Una semplice corsa in bici in condizioni di tutta sicurezza. E in compagnia di amici, non di sconosciuti.

– Prima o poi cambierà anche Hassan – ha detto Tazio.

– Se è cresciuto con queste idee potrebbe anche peggiorare – ho replicato.

– Comunque sia, da oggi Malika è una nostra amica – ha precisato Ottilia. – E guai a chi la tocca. Di corse in bici ne faremo altre e lei deve venire con noi, se le va. Sei sempre disposto a prestarle la bici di tua sorella?

– Ma certo – si è affrettato a rispondere il nostro esperto in computer.

Siamo rimasti sotto il Gigante un'altra mezz'ora, poi abbiamo deciso di rientrare.

– Ottilia, domani mattina non farti aspettare – ho detto salutandola.

– Non ti preoccupare. Conosco i miei doveri.

Sulla strada verso casa io e Irene abbiamo parlato ancora un po' di Malika.

– Sai cosa non sopporto più di tutto? – le ho detto. – Il fatto che è sempre sulle ragazze e sulle donne che si esercitano queste pretese di controllo e di rigore. Perché ciò che dovrebbe valere per loro non vale anche per i maschi?

– Sono d'accordo. Quando ero in istituto, a noi bambine veniva raccomandato di avere un comportamento corretto e impeccabile. Solo così potevamo sperare di essere adottate prima o poi da qualcuno. Dovevamo essere come delle bambole.

– Riprendiamo il discorso quando andiamo a coricarci? – le ho proposto mentre infilavo la chiave nella porta di casa.

– Voglio raccontarti altre "perle" dell'istituto.

– Ti ascolterò volentieri, Irene.

Mentre mi lavavo le mani il pensiero è corso a Jenny. Mi sono chiesta dov'era in quel momento, cosa stava facendo, e se più tardi avrebbe aiutato la madre a mettersi a letto. Ignoravo tante cose di lei e mi sarebbe piaciuto vederla con me e i miei amici.

Chissà se sarebbe accaduto, prima o poi...

16
Dubbi di Ottilia

STAMATTINA JENNY era assente e ho detto a Ottilia: – Chissà come si può fare per avere il suo numero di telefono. Vorrei chiamarla e chiederle perché non è venuta a scuola.

– Non so perché ti intriga tanto – mi ha risposto Ottilia prendendo il diario dallo zaino e mettendosi a sfogliarlo nervosamente.

– Penso che, se le mostriamo un po' di simpatia, otterremo la sua fiducia.

– Fuori da scuola avrà il suo bel gruppo di amici e non credo che abbia bisogno dell'interesse spasmodico che dimostri verso di lei.

– Interesse spasmodico? Mi sembra che esageri, Ottilia.

– Sei tu che stai esagerando. Pare che tu voglia salvarla e proteggerla.

– Non sto facendo nulla di tutto questo.

– Sarà una mia impressione, non posso farci niente. Parliamo solo di lei e quasi mai di noi.

– Non è vero, sei ingiusta, Otti. Continuiamo a vederci come prima e io non sono affatto cambiata nei tuoi riguardi –. Ero sorpresa dalle parole di Ottilia, dal tono con cui mi parlava e che tradiva irritazione e ansia nello stesso tempo. Non potevo accettare la sua critica e, soprattutto, lasciarle il sospetto che le sue parole e le sue impressioni avessero un fondo, sia pur piccolo, di verità.

– Mi dispiace che la pensi così, Otti. Ma ti assicuro che sbagli completamente. Sei del tutto fuori strada. Mi credi?

– Però la sera non mi chiami più.

– Ci vediamo tutti i giorni al Gigante e dopo cena studio con Irene.

– Se la mia amicizia non ti sta più a cuore, non hai che da dirmelo.

Ero sbalordita e sono rimasta a lungo in silenzio.

Troppo. La mia esitazione ha spinto Ottilia a guardarmi con apprensione. Allora le ho stretto un braccio dicendole: – Ottilia, la tua amicizia è la cosa più cara che ho. Come puoi pensare che io me la sia gettata alle spalle come se niente fosse? Mi stai mortificando tantissimo. Se credi che Jenny si stia intromettendo fra noi, ti assicuro che stai fantasticando. E comunque, sono anche disposta a non parlarle più se questo può rasserenarti.

Ottilia si è messa a scarabocchiare su una pagina del diario e non mi ha risposto. Il prof di lettere stava tardando e speravo che ci fosse ancora qualche minuto per chiarire, soprattutto perché mi sembrava una situazione assurda.

– Su, Ottilia, dimmi qualcosa – ho continuato mentre lei tracciava nervosi ghirigori sulla pagina del diario.

– Va bene, scusami – ha detto senza guardarmi. – Se dici che è così, lasciamo perdere.

– Non possiamo lasciar perdere finché non sono sicura che mi credi – le ho risposto. – Devo aver fatto o detto qualcosa che ti ha messo nella testa questi pensieri.

Finalmente Ottilia, chiudendo il diario, mi ha guardata: – Da un paio di giorni, non so perché, vedo tutto nero. Ripenso a quando eravamo bambine, a come stavamo bene insieme, e mi prende una terribile nostalgia di quegli anni.

– Ci penso anch'io a volte, Ottilia.

– E in questi giorni, di colpo, ho avuto l'impressione che tu fossi diventata completamente diversa da allora. Ho avuto paura che il nostro legame non fosse più quello di un tempo e che tu mi vedessi semplicemente come una compagna di banco con la quale passare qualche ora a scuola.

– Eppure sai che non è così, Ottilia.

– Forse tutto è cominciato da quando è comparsa Jenny.

– Lo sai che sono curiosa e che, quando ho a che fare con delle persone che non conosco e che mi sorprendono, cerco di capirle a fondo. E comunque non ti ho mai esclusa. Ne abbiamo discusso insieme, ci siamo scambiate i nostri pensieri. Credevo che coincidessero. Mi sembrava che anche tu fossi ansiosa di approfondire la sua conoscenza.

– Non lo so. Forse ho paura di diventare grande,

Valentina. Ho paura di perdere le persone che mi hanno accompagnata finora. Te, soprattutto. Scusami, scusami, mi sto comportando in modo infantile. Sto vaneggiando, questa è la verità. Non so cosa mi è preso. Scordati quello che ti ho detto.

Le parole di Ottilia mi hanno fatto una gran tenerezza. Di colpo ho capito le sue paure perché erano così simili alle mie, anche se io non gliele avevo mai confessate. Anzi, non le avevo nemmeno confessate del tutto a me stessa.

In realtà anch'io avevo iniziato a provare un po' di gelosia per il rapporto che stava nascendo tra Irene e Malika e forse, prima o poi, avrei avuto anche il timore di perdere Ottilia.

I sentimenti confusi della mia amica, senza volerlo, avevano dato voce anche ai miei o meglio ai dubbi che si agitano in me da quando ho cominciato la nuova scuola. A volte mi sento come se fossi sospesa nel vuoto, a volte mi agito senza una ragione, a volte sprofondo nella malinconia. Accade soprattutto di sera, prima di andare a coricarmi. Cerco di non pensarci chiacchierando con Irene fino a chiudere gli occhi per la stanchezza.

Capisco bene i timori di Ottilia! Le sue paure e le sue ansie sono anche le mie. Le ho messo un braccio sulle spalle e le ho mormorato: – Nessuno potrà mai separarci. Insieme, riusciremo a tenere a bada i fantasmi che ci assalgono e ci turbano, Otti.

Ottilia mi ha preso una mano e l'ha stretta fra le sue, annuendo.

17
Scelte difficili

UNA VOLTA A CASA, ho raccontato a Irene le reazioni di Ottilia.

– Penso che siano naturali – mi ha risposto mia sorella.

– Lo penso anch'io. E credo che sia stato un bene aver portato alla luce ciò che si nascondeva nel buio. Sono le cose non dette che mi fanno davvero paura. Tra noi non ce ne sono vero, Irene?

Sorpresa dalla mia domanda, Irene ha esitato un po' prima di rispondere: – No, certo.

Dopo pranzo mi ha telefonato Tazio.

– Ho bisogno di vedere tutti sotto il Gigante

oggi pomeriggio. Agli altri ho già telefonato e sono d'accordo. Ci sarai anche tu?

– Che domanda! Hai una proposta allettante da farci?

– No, ho un consiglio da chiedervi.

– E non ritieni che io sia in grado di dartelo da sola?

– Meglio parlarne con tutti.

– Dai, Tazio, anticipami qualcosa.

– Ne parliamo più tardi, Valentina.

La sua voce aveva un tono così serio che un po' mi sono allarmata. Se non voleva parlarne solo con me, doveva essere qualcosa di grosso.

– A che ora? – gli ho chiesto.

– Verso le quattro.

– Lo dico subito a Irene.

Tazio ha riattaccato senza nemmeno una battuta scherzosa, come è solito fare quando mi saluta.

– Mi ha messa in agitazione – ho detto a Irene. – Perché è stato tanto misterioso con me?

– Un po' di pazienza e lo saprai.

Alle quattro eravamo tutti sotto il Gigante, tranne Tazio e Gianni.

– Che fa? Prima convoca una riunione e poi non viene? – ha detto Ottilia.

Ma Tazio è arrivato quasi subito con Gianni.

Ci siamo seduti su due panchine che si fronteggiano, poi Tazio ha guardato Gianni e ha cominciato: – Stamattina, durante l'intervallo, abbiamo visto un gruppo di ragazzi parlottare. Pensavamo che fosse una specie di ritrovo e abbiamo deciso di avvicinarci per fare conoscenza. Quando siamo stati a pochi metri abbiamo notato che al centro di quel gruppo c'era un ragazzino con una grande borsa.

– Che cosa stava facendo? – ha domandato Ottilia, smettendo di intrecciare i capelli di Rinaldo fra le dita.

– Vendeva cellulari.

– Vorrai dire cover di telefonini? Ciondoli portafortuna? – ho chiesto ridendo nervosamente.

– Magari! – mi ha risposto Tazio. – Non avete ancora capito?

Credo che, di colpo, abbiamo indovinato tutti. Ma nessuno ha avuto il coraggio di parlare.

– Vendeva cellulari rubati? – ha domandato infine Rinaldo.

Tazio ha annuito.

– Quando gli ho chiesto da dove venivano quegli apparecchi lui l'ha presa alla larga insistendo per concludere l'affare, se ci interessava. Naturalmente gli abbiamo detto che non volevamo avere niente a che fare con lui.

– Come ha reagito? – gli ha domandato Irene.

Ha risposto Gianni: – Si è messo a ridere e, prima di allontanarsi, ha urlato: «Siete degli impiccioni e me ne vado. Ma avete rovinato gli affari ai vostri amici! State attenti a quello che fate!».

– Un vero e proprio avvertimento – ho detto.

– È così che lo abbiamo inteso anche noi – ha annuito Tazio. – Prima di rientrare in aula si è avvicinato Orlando, un nostro compagno di classe, e ci ha sibilato: «State alla larga da me, non amo i ficcanaso! Come minimo adesso andrete a riferire tutto ai prof!». E se ne è andato.

– Che cosa pensi di fare? – ho chiesto a Tazio, ansiosa.

– Non lo so. È per questo che abbiamo voluto riunirvi. A me e a Gianni è venuta subito la tentazione di parlarne con la prof di italiano ma, se si venisse a sapere, i nostri compagni ci bollerebbero come spie e ci farebbero terra bruciata intorno. Siamo solo ai primi giorni di scuola...

– Non solo! E se quel tipo viene a saperlo e... vi fa qualcosa? – ha chiesto Ottilia. – Immagino che la prof ne parlerà col preside, che non se ne starà con le mani in mano. Potreste mettervi in pericolo.

– Ma non possiamo nemmeno far finta di nulla – ha osservato Tazio. – Quello vende cose rubate, di sicuro non lo fa a tempo perso e soprattutto avrà già coinvolto un sacco di ragazzi.

– Magari lavora per qualcuno – ho suggerito io.

– Sta di fatto che noi gli abbiamo detto di no, ma deve

essere famoso tra i nostri compagni: tutti lo trattavano come un amico. Che cosa ci consigliate di fare? – ci ha chiesto alla fine Tazio.

– Forse è bene che ne parliate con la prof di lettere – è intervenuto Rinaldo.

– Ottilia ha ragione, potreste mettervi in pericolo – ho detto io. – Ma non potete nemmeno ignorare che sta facendo qualcosa di illegale. Non so cosa dirti, Tazio. Tu che ne pensi, Gianni?

Gianni ha guardato Irene e mi ha risposto: – Io sono per parlarne con la prof. Che cosa potrebbe farci quello lì?

Ho alzato gli occhi e ho guardato la chioma quasi spoglia del Gigante. Sembrava assistere pensoso alla nostra conversazione, attento all'espressione dei nostri dubbi e delle nostre paure.

– Parlatene con la prof – ho detto loro.

– Anch'io sono d'accordo – ha replicato Irene.

– Mi sembra giusto – ha aggiunto Mauro che fino a quel momento era rimasto silenzioso.

Anche Ottilia e Rinaldo erano della stessa opinione.

L'unica a non pronunciarsi è stata Malika.

– Tu cosa ne pensi, Malika? – le ha chiesto Irene toccandole un braccio.

Malika ha risposto a bassa voce: – Queste cose mi fanno paura, ma sono d'accordo con voi.

– Bisognerà parlare con la prof fuori dalla scuola – ha detto Tazio a Gianni. – Potremmo seguirla giovedì prossimo, quando ha l'ultima ora ed esce con noi. Va sempre a casa a piedi e sarà facile.

– Non fatevi scoprire – mi sono raccomandata.

Dopo quella discussione, non ci è venuto da parlare d'altro e ci siamo salutati.

Io ho preso Tazio per mano e gli ho chiesto: – Passeggiamo fino al Parco Sempione?

– Sei preoccupata? – mi ha domandato.

– Un po' – gli ho risposto. – Forse dovresti parlarne anche con i tuoi genitori.

– L'ho già fatto con mia madre. Mio padre è in viaggio.

– E cosa ti ha detto di fare?

– Quello che mi avete detto di fare voi.

– Ma tu l'avresti fatto anche se ti avessimo dissuaso, vero?

– Naturalmente.

Mi sono stretta a Tazio e l'ho abbracciato.

Mentre tornavamo a casa, però, ho pensato che devo tenermi pronta ad affrontare anche da sola il muro di spine nel quale un giorno potrei imbattermi.

Indice

CHI È ANGELO PETROSINO?

Care lettrici e cari lettori, ho pensato di parlarvi di me perché mi chiedete sempre di farlo quando vi incontro nelle scuole o nelle biblioteche. Sono sempre stato un bambino vivace e curioso. Non stavo mai in casa e mi arrampicavo sugli alberi, per guardare il mondo dall'alto. Era facile, perché abitavo in campagna. Poi un giorno ho lasciato il mio paese perché mio padre aveva trovato lavoro in Francia. Avevo dieci anni. Ho vissuto esperienze indimenticabili prima in Auvergne poi a Parigi. Tornato in Italia, ho dovuto imparare di nuovo l'italiano. Per questo oggi la lingua italiana è per me il patrimonio più prezioso: di ogni parola amo il suono, il significato, le immagini che evoca. Non pensavo che un giorno mi sarei trovato a insegnarla. All'inizio infatti ho studiato da perito chimico. Poi un giorno mi sono affacciato a un'aula di scuola elementare. Ero imbarazzato. «Come ci si comporta con i bambini?»

Angelo a dieci anni, in Auvergne

Angelo Petrosino

mi sono chiesto. Allora ho ricordato che i momenti più belli della mia infanzia erano quando mio nonno mi raccontava storie. Così ho cominciato a leggere ai miei alunni. Da allora sono diventato “il maestro che racconta storie”. Ma ho sempre ascoltato le storie, i desideri, i sogni dei bambini. Quante cose ho imparato! Col tempo ho iniziato a scrivere libri in cui i protagonisti erano proprio loro.

Così è nato il personaggio di Valentina: curiosa, irrequieta, intelligente, capace di ascoltare le sue emozioni e con una gran voglia di vivere.

A proposito, mi piacerebbe sapere cosa ne pensate dei miei libri. Se volete, scrivetemi qui:

www.angelopetrosino.it

Prometto una risposta veloce e personale a tutti!

CHI È SARA NOT?

Sara Not disegna Valentina da un bel po', tanto che sono diventate delle vere amiche!
Una volta Valentina è anche andata a trovarla a Trieste e ha conosciuto l'intrepida cagnolina Sissi, l'infaticabile aiutante illustratrice, che segue Sara ovunque e regala ottimi consigli in fatto di grafica e design. A Trieste hanno giocato con la bora, come faceva Sara quando era una bambina: negli angoli più esposti aspettava i refoli più veloci e interpretava la parte di una principessa che lotta contro mostri terribili. Vinceva sempre lei oppure, all'occorrenza, arrivava qualche principe azzurro a liberarla, giusto in tempo per l'ora della merenda.

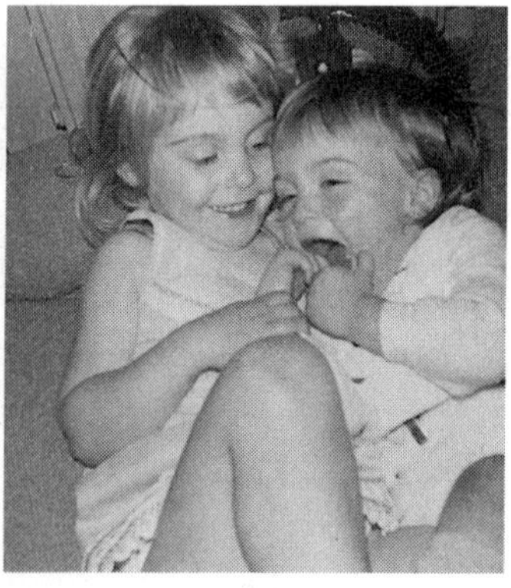

Sara a quattro anni, con la sorellina Elisa

Siccome sua sorella Elisa preferiva giocare a calcio con i maschi, che giocare alle bambole con lei, Sara si chiudeva in camera sua. E disegnava, disegnava, disegnava. Per ore e ore. Per giorni interi.

Di tutto. Ma soprattutto le persone: persone che parlano, corrono, dormono, mangiano, da sole, in gruppo, che fanno festa, felici o tristi, vestiti, nudi, grassi, magri, alti e bassi, insomma di tutti i tipi. Odiava disegnare le automobili e tutto ciò che avesse un motore.

Sara Not

Oggi Sara è cresciuta ma ama sempre molto la bora, che le regala cieli azzurri, aria pulita e idee fresche di giornata. Anche la sua famiglia si è allargata: c'è sempre la pelosa Sissi, amica fedele, ma anche un innamorato francese con le spalle larghe che la porta in giro su una moto rombante e il suo bel bambino, un portento della natura, tutto biondo e piccolino, con gli occhi grandi: il suo piccolo principe.

Solo per lui oggi Sara disegna macchine, treni, trattori, camion, tir, ruspe, scavatrici, aerei, elicotteri, motociclette, motoscafi, navi, navette spaziali e chi più ne ha più ne metta!

Di tutto. Ma soprattutto le persone: persone che parlano, corrono, dormono, mangiano, da sole, in gruppo, che fanno festa, felici o tristi, vestite, nude, grasse, magre, alte e basse, insomma di tutti i tipi. Odiava disegnare le automobili e tutto ciò che avesse un motore.

Sara Not

Oggi Sara è cresciuta ma ama sempre molto la bora, che le regala cieli azzurri, aria pulita e idee fresche di giornata. In più ci sono anche un innamorato francese con le spalle larghe che la porta in giro su una moto rombante e i suoi due bellissimi bambini, dei veri portenti della natura.

Solo per loro oggi Sara disegna macchine, treni, trattori, camion, tir, ruspe, scavatrici, aerei, elicotteri, motociclette, motoscafi, navi, navette spaziali e chi più ne ha più ne metta!

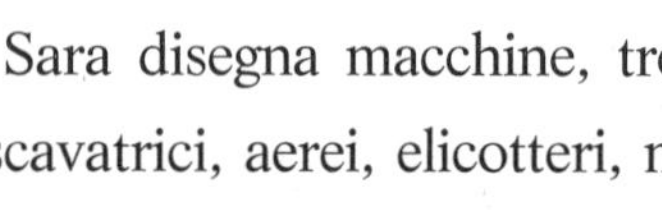